LOCUS

LOCUS

LOCUS

LOCUS

from

vision

from 29　慢活
In Praise of Slow
作者：歐諾黑 (Carl Honoré)
譯者：顏湘如
責任編輯：湯皓全
美術編輯：謝富智
法律顧問：全理法律事務所董安丹律師
出版者：大塊文化出版股份有限公司
台北市 105 南京東路四段 25 號 11 樓
www.locuspublishing.com
讀者服務專線：0800-006689
TEL：(02) 87123898　FAX：(02) 87123897
郵撥帳號：18955675　戶名：大塊文化出版股份有限公司

總經銷：大和書報圖書股份有限公司　地址：台北縣五股工業區五工五路 2 號
TEL：(02) 89902588 (代表號)　FAX：(02)22901658
排版：天翼電腦排版印刷有限公司　製版：源耕印刷事業有限公司
初版一刷：2005 年 8 月
初版 19 刷：2011 年 6 月

定價：新台幣 280 元
Printed in Taiwan

In Praise of Slow
慢活

Carl Honoré 著
顏湘如 譯

目次

序文：狂飆的時間病

「人出生、結婚、生活、死亡，一切顯得如此混亂而急切，彷彿隨時都可能發瘋。」

——一九〇七年，霍威爾斯（William Dean Howells）

一九八五年某個酷熱的夏日午後，當時仍是青少年的我正在歐洲旅行，但行程卻在羅馬近郊的一處廣場嘎然而止：回市區的巴士已經遲到二十分鐘，而且毫無出現的跡象。不過車班的延誤並未令我感到困擾。我既沒有在人行道上焦急地踱步，也沒有打電話到巴士公司投訴，而是塞上隨身聽的耳機，躺在長凳上，聆聽賽門與葛芬柯唱出放慢腳步、延續當下時刻的喜悅。那一幕的每個細節都深深刻印在我腦海中：兩個小男孩在一座中古噴泉旁邊踢足球；枝葉輕輕擦過石牆頂端；一位老寡婦用網袋提著蔬菜正要回家。

十五年匆匆而過，一切都改觀了。景象一變而成羅馬繁忙的達文西機場，而我則成了趕搭飛機回倫敦的駐外記者。我不再一路踢著小石頭，感到快樂得不得了，而是快速地衝過候機室，一面暗暗詛咒那些走得比較慢而擋住去路的人。我也不再聽著廉價隨身聽裡的民歌，而是透過手機和幾千哩外的編輯交談。

到了登機門前，我排在一列長長的隊伍最後，在這裡還眞是什麼事都做不了。但我已經無法無所事事。爲了讓等待更具效益，爲了讓自己少一點枯候的感覺，我便開始瀏覽報紙。就在這個時候，我瞄到一篇文章，後來激發了我寫一本關於放慢腳步的書的靈感。

從「一分鐘床邊故事」說起

「一分鐘床邊故事」：我當下立刻被這幾個字吸引住。爲了幫助家長節省應付孩子的時間，多位作家將古典童話故事濃縮成六十秒鐘的錄音精選。想想看，安徒生童話改寫成執行概要，我第一個反應就是想高呼萬歲！現在我每天晚上都得和兩歲的兒子進行拔河，他喜歡節奏緩慢、情節曲折的長篇故事，我卻總是誘導他挑最短的故事書，然後快快唸完。我們經常爲此爭執。「你唸太快了。」他會大聲抗議。或者當我向門邊走去時，他會大喊：「還要再聽一個！」當我敷衍著床邊故事的例行公事時，內心半爲自己的自私深感愧疚，另一方面卻又忍不住想趕著去做下一件該做的事——吃晚飯、收發電子郵件、看書、查看帳單、繼續未完的工作、看電視新聞快報。要我花時間悠遊於兒童文學作家蘇斯博士（Dr. Seuss）的世界，是不可能的事。那步調太慢了。

因此乍看之下，一分鐘床邊故事集簡直是個令人不敢置信的美夢。一口氣說上六七個「故事」，還花不到十分鐘——還有什麼比這個更好？接著當我開始考慮上 Amazon 訂購，多快可以收到整套書時，腦中浮現的一個反問句及時救了我：我該不會是瘋了吧？出境的隊伍已經開始朝登機門緩緩移動，我這才丟開報紙開始細想。我的人生已經變成一份匆忙的習題，不斷擠壓著每個時刻。我有如手持馬錶的小氣財神，一心只想節省最後一丁點時間，這裡多個一分鐘，那裡多個幾秒鐘。然而並不只有我如此。我周遭的每個人——同事、朋友、親人——都同樣陷在這個漩渦中。

一九八二年，有一位美國醫師勞瑞・鐸西（Larry Dossey）眼見有人執著地認爲「時間不斷流逝，怎麼也不夠用，你必須不斷加快腳步才能追趕得上」，而創出「時間病」這個名詞。今時今日，全世界的人都罹患了時間病，都盲目地崇拜速度。我排隊等著搭機返回倫敦之際，不禁開始動腦筋想釐清本書中探討的核心問題：我們爲什麼總是如此匆忙？該如何治療時間病？我們可不可能放慢腳步，又或者放慢腳步是不是比較好？

適者生存，而不是快者生存

在此二十一世紀初期，每件事、每個人都不得不加快腳步。不久前，世界經濟論壇創辦人暨主席施偉伯（Klaus Schwab）便中肯地道出現代人對速度的需求：「我們已經從一個大吃小的世界轉變成一個快吃慢的世界。」這句警語迴響的範圍遠遠超出了適者生存的商業世界。在現今這熙攘忙碌的時代，一切都在與時間競賽。英國心理學家柯雷克斯頓（Guy Claxton）更認爲加速已成爲我們的第二天性：「我們已經發展出一種重視速度、省時與最高效率的內在心理，而且一天比一天強烈。」

但如今也該到了我們破解凡事求更快的執著心態的時刻了。速度並非絕對是上策。人類進化的原則是適者生存，而不是快者生存。別忘了，龜兔賽跑的結果是誰贏了？當我們匆忙度日，將每個時刻塞得更滿的同時，也將自己繃到了極限。

不過，在進一步討論之前，我要先聲明一點：這本書的目的並不是對速度宣戰。速度曾幫助我們將世界改造得更美好而自由。現在有誰願意過沒有網際網路或噴射飛行的生活呢？但問題是我們對速度的熱愛，我們不斷想用更少時間做更多事的執著心態，已經太過度了，甚至已經變成一種癮，一種盲目的崇拜。即使速度開始產生反效果，我們仍堅守「還要更快」的信條。工作進度落後了？換個更快速的網路連線。沒有時間看聖誕節收到的小說禮物？學學速讀。減肥無效？試試抽脂。太忙了沒空煮飯？買個微波爐。但有些事情卻是不能也不應該加快速度，而是需要花費時間，需要慢慢來。當你讓不該加速的事情加速了，當你忘記如何放慢腳步，你就得付出一定的代價。

盲目崇拜的速度癮

第一個反速度的例子就是經濟。現代資本主義創造了莫大的財富，但是對自然資源的破壞卻比大自然本身的更替速度更快。亞馬遜雨林每年遭砍伐的面積達數千平方哩，而拖網漁船的過度捕撈也使得鱘魚、智利鱸魚與其他許多魚類，面臨絕種危機。資本主義的步調愈來愈快對其本身也並無益處，因爲在搶先完成的壓力下幾乎無暇顧及品質。

只要想想電腦產業就好了。近幾年，軟體製造業者已經養成習慣，迫不及待推出未經全面測試的新產品，結果當機、錯誤與故障層出不窮，導致公司行號每年要虧損數十億美元。

此外渦輪資本主義也造成人類的犧牲。現今我們的存在是爲了爲經濟效力，而不是享受經濟。長時間的工作讓我們愈來愈缺乏生產力、容易出錯、不快樂且疾病纏身。醫療診所裡總是擠滿了因爲壓力而生病的人，病癥包括：失眠、偏頭痛、高血壓、氣喘與腸胃問題等等。時下的工作文化也同樣有損我們的心理健康。倫敦一位個人生活導師便說：「過去通常是四十歲以上的人才會有精力耗盡的現象，現在我卻看到三十幾歲，甚至二十幾歲的男女已經油盡燈枯。」

適度的工作倫理也許並無害處，但如今卻已漸漸失控。想想看，「休假恐懼症」竟愈來愈普遍。根據英國里德（Reed）公司針對五千名英國勞工所做的調查顯示，有六十％沒有休完二〇〇三年應休的年假，至於美國人使用的支薪假期平均還不到五分之　。甚至連生病也無法讓現代勞工遠離工作：五名美國人當中便有一人會在應該睡覺或看醫生的時間，出現在工作崗位上。

這種行爲會導致什麼樣令人膽寒的未來，只需看看日本即可知道。日本人有個名詞叫「過勞死」，意思是工作過度導致死亡。其中最有名的犧牲者龜井修二是一位野心勃勃的股票經紀人，一九八〇年代末期日本股市長紅之際，他每個星期都固定工作九十小時。他所屬的公司在內部通訊與訓練手冊中，大力吹噓他的超人耐力，使他成爲所有員工理應效法的黃金楷模。公司甚至破格任命龜井教導資深同仁學習推銷技術，使得他肩上的負擔更加沉重。一九八九年，日本股市的榮景幻滅之後，龜井爲了振興景氣，工作得更加賣力。一九九〇年，他因心臟病突發去世時，年僅二十六歲。

雖然有人以龜井的故事引爲警惕，鞠躬盡瘁死而後已的工作文化卻仍深植於日本。日本政府於二〇〇一年公佈的數據，有一四三人過勞死，評論家更估計日本每年因工作過量而死亡的人數高達數千人。

然而，早在過勞死的情況發生之前，透支的勞動力便已對盈利造成不良影響。據美國國家安全委員會估計，每天有百萬美國人因爲工作壓力請假或翹班，造成每年一五〇〇億美元的經濟損失。二〇〇三年，壓力取代了背痛，成爲英國人缺勤的首要原因。

此外，工作過度對健康也有其他威脅，不僅讓我們更沒有時間與精力運動，還可能導致我們飲酒過量或養成速食的習慣。通常最快速的國家也是最肥胖的國家，這絕非巧合。目前，高達三分之一的美國人以及五分之一的英國人被臨床診斷爲過度肥胖，就連日本人的體重也不斷上升，二〇〇二年一項全國營養調查顯示，三十歲以上的日本男性有三分之一過重。

爲了追上現代社會的腳步，加快速度，許多人依賴的已不只是咖啡而是更強力的興奮劑。古柯鹼仍是白領階級頭號選擇，不過俗稱 speed 的安非他命卻已急起直追。自一九九八年起，美國人在工作場合使用毒品的比例激增了七成。許多雇員偏愛「冰毒」是因爲它能讓人湧起安樂感，而且幾乎能一整天保持頭腦清醒，也不會有吸食古柯鹼常見的令人窘迫的副作用：嘮叨聒噪。問題是愈強效的安非他命比海洛英更容易上癮，使用過後還可能引發憂鬱沮喪、焦慮與暴力行爲。

現代人大多睡眠不足，這是我們之所以需要興奮劑的原因之一。要做的事情太多，能夠利用的時間又太少，現在的美國人比起一百年前，平均每晚少睡了九十分鐘。在一向有安逸之鄉美名的南歐，午後小憩也和朝九晚五的傳統一樣走入歷史：如今只剩下七％的西班牙人還有時間午睡。睡眠不足可能危及心血管與免疫系統，導致糖尿病與心臟疾病，引發消化不良、焦躁易怒與憂鬱沮喪。一個晚上睡眠時間不到六小時可能損害動作的協調性、說話能力、反射神經與判斷力。在近代幾場大災難中，疲勞都是關鍵因素，如：車諾比核電廠爆炸事故、艾克森（Exxon）瓦德茲號（Valdez）油輪漏油事件、三哩島核電廠事故、聯合碳化公司毒氣外洩事故、太空梭挑戰者號爆炸事故。

睏倦所造成的車禍比喝酒更多。根據最近一次蓋洛普民調顯示，英國有十一％的駕駛坦承開車時打瞌睡。根據美國睡眠障礙委員會的一項調查指出，所有交通事故有一半肇因於疲勞，再加上我們超速的傾向，自然使得道路成爲殺戮戰場。目前全世界每年有一百三十萬人因交通意外身故，比一九九〇年多出雙倍有餘。雖然已開發國家有較完善的安全規範，也降低了死亡人數，聯合國卻預測到了二〇二〇年，交通意外將會成爲全世界第三大死因。即使在現今歐洲，每年因交通意外事故死亡的也有四萬人以上，受傷則有一百六十萬人。

由於我們缺乏耐心，就連休閒活動也變得更危險。每一年，全世界都有數百萬人因運動與健身而受傷，其中許多人是因爲用力過猛、操之過急。就連瑜珈也不能倖免。最近我有一位朋友便因爲沒有做好熱身準備就企圖做瑜珈的倒立動作，以致於扭傷脖子。

還有人下場更慘。在麻州的波士頓，有一位性急的老師強迫學生做出劈腿姿勢，致使學生骨盆破裂。有一名三十來歲的男子在曼哈頓一家著名的瑜珈教室學習瑜珈時，知覺神經受傷，右大腿某一處將永久麻痺。

生活匆匆忙忙難免會變得表面化。當我們匆忙之際，自然會像蜻蜓點水一般，無法與這個世界或其他人有深入接觸。昆德拉在一九九六年完成的中篇小說《緩慢》中便曾寫道：「當事情發生得太快，誰都沒有把握，絲毫沒有把握，即使對自己也一樣。」所有將我們維繫在一起、讓生活更有價值的一切——社團、家庭、友誼——都必須依賴一樣永遠也不夠用的事物而存活，那就是時間。在ＩＣＭ最近的一次民調中，有一半的英國成人承認自己因爲作息忙碌而與朋友失去聯繫。

我們不妨想想看，快節奏的生活可能對家庭生活造成什麼樣的傷害？家庭裡每個人來來去去，貼紙條在冰箱門上已經成爲許多現代家庭的主要溝通方式。根據英國政府公佈的數據，一般上班族父母收發 email 的時間比陪小孩的時間多出一倍。現在在日本，家長則是將小孩送進二十四小時的育幼中心。所有工商業社會的小孩放學後，便回到空蕩蕩的家裡，無人傾聽他們的故事、問題、成就或恐懼。美國《新聞週刊》在二〇〇〇年進行的一項民調顯示，有七十%的青少年認爲父母親花在青春期小孩身上的時間太少。

孩子也許正是加速過度下最大的犧牲品。他們以前所未見的速度成長。現在有許多小孩和父母一樣忙碌，每天課後補習、學鋼琴、踢足球，行程滿檔。最近一篇漫畫說得再清楚不過了：有兩個小女孩站在校車站牌前，手上各捧著一本行事曆。其中一人對另一人說：「好吧，我把芭蕾課往後延一小時，體操課另外排時間，然後取消鋼琴課……你把小提琴課調到禮拜四，再翹掉足球練習……那麼十六號星期三下午三點十五分到三點四十五分，我們就可以一起玩了。」

這些孩子活得像幹勁十足的大人，幾乎沒有時間享受童年該有的一切：和朋友鬼混、不在大人的監督下玩耍、做做白日夢。這也同時有損健康，因爲孩子更無法適應睡眠不足與壓力，而這些卻都是匆促、忙碌的生活必須付出的代價。現在專門治療青少年焦慮症狀的心理學家，經常發現候診室裡擠滿了胃痛、頭痛、失眠、憂鬱與飲食失調的小孩，有的甚至只有五歲大。在許多工業國家，青少年自殺的比例正逐漸攀升，瞧瞧他們在學校所面對的負擔，這也就難怪了。二〇〇二年，英國林肯夏一位十七歲的少女露意絲紀欽哭著逃出考場，當時這位明星學生正在進行當天第五堂考試，而且每堂之間只有十分鐘休息。

快速「確保相互毀滅」

我們再繼續這樣下去，對速度的狂熱只會愈演愈烈。當每個人都選擇快速之後，快速的優勢隨之消失，我們也被迫快上加快，最後終將走向以速度爲主的軍備競賽，而我們都知道軍備競賽的結果爲何：「確保相互毀滅」的死胡同。

被毀滅的實在夠多了。我們已經忘記如何懷抱期望，如何享受希望實現的那一刻。餐廳業者表示，愈來愈多用餐者等不及吃完甜點便忙著付錢、叫計程車。不管球賽比數多麼接近，仍有許多球迷會提早離席，只爲了在車陣中搶先一步。另外還有多頭並進的蠱惑，能同時做兩件事似乎很聰明、很有效率、很新潮。然而，通常卻是兩件事都做不好。我和許多人一樣會邊看電視邊看報紙——但我發現兩樣都沒能看成。

在這個媒體充斥、資訊爆炸、轉臺快速、電玩當道的時代，我們已經喪失「無所事事」的能力，我們已經無法摒除背景雜訊、專心一致、放慢腳步，單純專注於自己的思維。無聊是現代的產物——這個名詞在一百五十年前恐怕還不存在。一旦移除一切刺激的事物，我們便會焦躁不安、恐慌，想找點事情來做，什麼事都好，以便塡滿時間。你最後一次看到有人望著火車窗外發呆是什麼時候的事？大家全都忙著看報紙、打電玩、聽 iPod、打手提電腦，或是對著行動電話喋喋不休。

現代人已經不懂得深思，也不會在內心裡反芻一個想法，而是下意識去尋求唾手可得的話語片段。在現代戰爭中，戰地裡的記者與攝影棚內的專家總會即時分析時事，他們的見解卻經常出錯。然而今時今日這幾乎無關緊要：在速度的國度中，反應快的人便能稱王。如今有了衛星傳輸與二十四小時新聞頻道，眞正能操控電子媒體的正是某位法國社會學家所謂的「快速思考者」（le fast thinker）——也就是能夠對任何問題提出似是而非的答案，而且遍及各個領域的人。

就某方面而言，我們全都是快速思考者。我們是如此地缺乏耐心，誠如演員作家嘉麗・費雪（Carrie Fisher）曾譏諷道：就算「即時滿足我們的需求也嫌太久」。這多少解釋了何以在現代生活的表層下，始終有挫折感隱隱浮動。凡是擋住我們去路、使我們放慢腳步、使我們無法在第一時間得到想要的東西的人事物，都會成爲敵人，因此即使是再小的阻礙、再些微的耽擱，即使只是慢了一兩步，都可能讓原本正常的人勃然大怒。

關於這點，坊間明證比比皆是。有名男子在超市結帳櫃臺前與人大打出手，只因為前一個顧客裝東西的動作太慢；倫敦有一名婦女將搶先她一步停入停車位的車子的烤漆刮壞；有一位公司的高階主管由於飛機降落前被迫在倫敦希斯羅機場上空多盤旋二十分鐘，而厲聲斥責空服員，「我現在就要降落！」他像個被寵壞的小孩似的大嚷：「現在，馬上，立刻！」

有一輛貨車停在我鄰居家門口，司機從車上卸下一張小桌子，使得後方車輛無法通行。不到一分鐘，第一輛車內那位四十來歲的上班族女性開始在座位上扭動不安，不斷揮舞雙臂，頭也前後猛烈地晃動。從敞開的車窗還傳來低低的、深沉的哀號聲，彷彿電影「大法師」中的一幕。我心想她必定是癲癇發作，立刻奔下樓去想要幫忙。但我一跑到人行道，才發現她只是因為被困而氣惱。只見她探出窗外，也不針對特定對象便吼道：「再不把那輛爛貨車開走，老娘就要殺人了。」送貨的人似乎見怪不怪地聳聳肩，溜回駕駛座上靜靜地將車開走。我開口想勸那位尖叫的女士放輕鬆點，但話才出口就被她車輪滑過柏油路的吱嘎聲給蓋住了。

以上就是我們執著於快速、省時的結果：在路上發飆、在空中發飆、在購物時發飆、對人際關係發飆、在辦公室發飆、渡假時發飆、健身時發飆。拜速度之賜，我們如今生活在一個發飆的年代。

「快速」與「緩慢」的定義

我在羅馬機場因床邊故事頓悟了之後，帶著一項使命返回倫敦：調查速度的代價，以及在這個沉迷於快還要更快的世界裡放慢腳步的前景。我們都會埋怨行程排得太緊湊，但有人確實去想辦法解決嗎？顯然是有的。當全世界全力衝刺之際，有一個愈來愈龐大的少數團體卻選擇不要做每件事都踩足油門。對於你想像得到的每項人類的努力，從性、工作、運動到飲食、醫藥與都市設計，這支反對團體都明知不可爲而爲之——爲緩慢騰出空間來。值得欣慰的是這個減速運動成功了。儘管「速度狂」諄諄地告誡，但放慢之後卻經常有較好的結果——較好的健康、較好的工作、較好的事業、較好的家庭生活、較好的運動成果、較好的烹飪與較好的性生活。

這種情形以前便發生過。十九世紀的人也和今天的我們一樣，用類似的方法抗拒加快腳步的壓力。各個組織團體呼籲人們挪出更多休閒時間；過度緊繃的都會人逃往鄉間休養生息；畫家與詩人、作家與手工藝家則盡力在機械時代保留緩慢美學。然而到了今日，對速度的反彈卻是挾著前所未有的急迫性成爲主流。在基層民間，不管是在廚房、辦公室、音樂廳、工廠、健身房、臥室、社區、藝廊、醫院，或是住家附近的休閒中心與學校，都有愈來愈多人拒絕接受愈快愈好的強制令。而他們許許多多、各式各樣的減速舉動，也播下了全球緩慢運動的種子。

現在也該爲這幾個名詞下定義了。在本書中，「快速」與「緩慢」不僅僅是用來形容轉換的速度，也是一種生存方式或生活哲學的簡單說法。快速就代表忙碌、控制慾、攻擊性、匆促、重分析、壓迫感、表面的、缺乏耐心、衝動、量重於質。緩慢則恰恰相反：冷靜、謹慎、樂於接納、平靜、重直覺、不慌不忙、有耐心、思考周密、質重於量，如此才能與人、與文化、與工作、與食物、與一切建立眞實而有意義的接觸。但矛盾的是緩慢並不一定眞的慢。從後文中我們將會發現：以緩慢的態度從事一項工作通常會獲致更快的結果。而且做事迅速之際保持緩慢的心境也並非不可能。一百年前，作家吉卜林寫了：當你週遭所有人都失去理智，你要保持清醒，而一百年後的今天，人們卻要學習如何保持冷靜，即使急著要在期限內完成工作或是準時去接孩子放學，也要懂得如何維持內在的緩慢。本書的目的之一便是告訴大家這些人如何做到。

正確的速度

不管某些評論家怎麼說，其實緩慢運動並不是將每件事牛步化，也不是要像十九世紀初期的英國盧德份子那般，試圖將整個地球拉回工業革命前的某個烏托邦世界。相反地，推動這項運動的人就和你我一樣，希望活在一個更美好的、快速而現代化的世界。因此一言以蔽之：緩慢哲學便是平衡。該快則快，能慢則慢。盡量以音樂家所謂的 tempo giusto（正確的速度）生活。

義大利人佩屈尼（Carlo Petrini）是減速的主要擁護者之一，也是慢食運動的發起人，這項國際性運動乃是致力於一個非常文明的概念：我們吃的東西應該以緩和的步調加以培植、烹煮與食用。雖然慢食運動的主戰場在餐桌上，但這絕對不只是拉長午餐時間的一個藉口。慢食組織的聲明就等於向各種形式的速度崇拜宣戰：「我們這個世代在工業文明的標記下開始發展，首先發明了機器，接著採取機器式的生活模式。我們被速度奴役，全都受到同樣的惡性病毒——快速生活——危害，這種生活粉碎了我們的習慣，侵犯我們家庭的隱私並迫使我們吃速食。」

一個炎熱的夏日午後，我在義大利皮蒙特的小鎮布拉——慢食組織的總部所在——與佩屈尼晤談片刻。他所譜的生活樂曲絕對有現代的弦音。「如果你老是慢吞吞的，就是愚蠢——這也絕非我們的目標。」他對我說：「慢慢來的意思是能夠掌控自己的生活節奏。在任何情況下，你都能決定自己要多快。如果今天我想快，我就快，如果明天我想慢，我就慢。我們所要爭取的是決定自己步調的權利。」

這個極簡哲學已經逐漸普及到許多領域。在工作場上，有數百萬人努力爭取——也獲得了——工作與生活之間更好的平衡。在臥室裡，人們也開始透過譚崔（Tantra）與其他性愛減速形式，發現了緩慢性愛的樂趣。愈慢愈好的觀念使得運動養生法——從瑜珈到太極——與另類療法——從草藥到順勢療法——蓬勃發展，人們開始以溫和而全面的方式對待身體。城市裡到處都經過重新規劃，以鼓勵民衆少開車、多走路。許多孩子也離開了快車道，因爲父母將他們的行程減少了。

緩慢運動難免會與反全球化運動有部份重疊。兩方的支持者都認爲渦輪資本主義爲地球與生活在地球上的人，提供了一張通往耗竭的單程車票。據他們的說法，如果以較爲合理的步調飲食、製造與工作，我們就能過得更好。然而緩慢運動者卻是和溫和的反全球化主義者一樣，並不主張毀滅資本主義系統，反而希望賦予它人性的一面。佩屈尼自己也提到「具有美德的全球化」。不過緩慢運動觸及的層面卻比單純的經濟改革更深、更廣。它瞄準速度這個冒牌天神，擊中了問題的核心：在此矽晶片時代，何謂人性？倘若一點一滴地實踐緩慢信條，便能有一點一滴的獲益。但要想從緩慢運動獲得完整的好處，我們便得更加深入，並重新思考一切事情的做法。一個眞正的緩慢世界其實就代表著生活型態的革命。

緩慢運動仍在逐漸成型之中。沒有總部或網址，沒有單一領袖，沒有傳達主旨的政黨。許多人決定放慢腳步，卻從未感覺到自己加入某個文化趨勢，更不用說是全球運動了。然而，重要的是這個選擇緩慢、拒絕速度的少數團體愈來愈龐大，而每一個減速的動作都將緩慢運動又往前推了一步。

緩慢運動者也和反全球化趨勢的群衆一樣，正透過國際會議、網際網路與傳播媒體，建立起聯繫網絡、架構力量並琢磨他們的哲學。支持緩慢的團體正如雨後春筍般地興起。有些只是針對生活中某個環節，如慢食組織。有些則是較廣泛地支持緩慢哲學。其中包括了日本的樹懶俱樂部（Sloth Club）、以美國爲據點的今日永存基金會（Long Now Foundation）以及歐洲的時間減速協會（Society for the Deceleration of Time）。緩慢運動的成長將多半得利於各團體間的相互交流。慢食運動已經有了一些衍生團體。義大利國內外已經有六十幾個城鎮打著緩慢城市的旗幟，努力轉型爲寧靜的綠洲。布拉也是緩慢性愛的發源地，在此有一支團體致力於將急促趕出臥室。在美國，佩屈尼理論也啓發了一名教育先驅的靈感，開啓「緩慢教育」運動。

我寫此書的目的是爲了將緩慢運動介紹給更多讀者，向大家解釋這個運動有何意義、如何發展、面對何種障礙以及爲何所有人都能從中獲利。然而，我的動機並不全然是無私的。我是個速度狂，因此這本書也是我個人的歷程。我希望寫到最後，能重新找回些許當初在羅馬等公車時的平靜。我希望爲兒子說故事時，不會再瞄時鐘。

我和多數人一樣，也希望藉由快與慢的平衡，找到一個更好的生活方式。

1 快活：快還要更快？

我們在此鄭重聲明，世界由於加入了一項美好的新事物而更加宏偉不凡：那就是速度之美。

——一九〇九年，未來主義者宣言

你早上醒來所做的第一件事是什麼呢？拉開窗簾嗎？翻身抱住枕邊人或枕頭嗎？跳下床做十個伏地挺身加速血液循環嗎？都不對，你做的第一件事，也是每個人做的第一件事，就是看時間。安放在床頭櫃上的時鐘會告訴我們當時的處境，我們不僅能知道自己處於當天的哪個位置，也能知道該如何反應。如果時間還早，我會閉上眼睛，試著再睡一會。如果晚了，我會跳下床直接衝進浴室。打從睜開眼那一刻起，時鐘便指揮著一切。一整天下來，我們從這個約會、這個時限趕到下一個，始終擺脫不了它。每一刻都編列在行程表中，無論我們往哪兒看——不管是床頭櫃、員工餐廳、電腦螢幕的角落或是我們的手腕——鐘錶都滴答滴答地走著，追蹤我們的進度，督促我們不要落後了。

計時開始！

在我們這個快速移動的現代世界中，時間列車似乎總在我們抵達月臺時開出。無論我們走得多快，無論我們安排得多麼完善，時間總是不夠用。就某種程度而言，一直是如此，但今天我們卻感受到前所未有的壓力，爲什麼呢？我們和先人有何不同？如果我們眞的打算放慢腳步，首先就得了解當初爲什麼會加快速度，爲什麼世界會變得如此忙碌，生活變得如此緊湊？要做到這一點，就得從頭開始檢視我們與時間本身的關係。

人類一直以來都受制於時間，感受到它的存在與力量，卻從不知如何爲它下定義。西元四世紀時，奧古斯丁曾沉思道：「時間究竟是什麼？若無人問我，我知道；但若想向某個提問者解釋，我卻完全不明所以。」一千六百年後，當我們仔細讀過霍金（Stephen Hawking）《時間簡史》的幾頁，才終於完全了解前者的感受。但儘管時間難以捉摸，每個社會卻仍發展出各種衡量時間的方法。考古學家認爲在兩萬多年前的冰河時期，歐洲獵人是利用月亮的盈虧，在木棍或骨頭上刻出線條與小洞來計算日子。古代每個偉大的文明——蘇美人與巴比倫人、埃及人與中國人、馬雅人與阿茲特克人——都發明了自己的曆法。而古騰堡印刷術最初印製的文書當中也有一份「一四四八年年曆」。

祖先學會了計算年、月、日之後，接下來便是將時間分割成更小的單位。有一個西元前一五〇〇年製作於埃及的日晷可以將一天平分爲幾等分，是留存至今最古老的類似儀器。早期的「時鐘」是根據水或沙流過某個孔的時間，或是蠟燭或油盤燃盡的時間來計時。直到十三世紀，歐洲人發明了機械鐘，計時方式才邁進一大步。到了一六〇〇年代末期，人們不只能夠精準地計算小時，還能計算分與秒。

存活是計時的動力之一。古文明便是利用曆法算出作物播種與收穫的時間。但是打從一開始，計時就顯然是一柄雙刃刀。表面上，時間的安排可以讓所有人——不分農夫或電腦工程師——更有效率，然而一旦我們開始分裝時間，情勢便隨之逆轉，由時間接手，我們則成了行事曆的奴隸。行事曆給了我們期限，而期限本質上就會給予我們匆促的理由。誠如一句義大利諺語所說：人衡量時間，時間也衡量人。

鐘錶使我們每日得以按時走完行程，因此提供了更大的效率，卻也讓我們被控制得更緊。不過早期的計時器太不可靠，無法像今日的鐘錶一樣支配人類。例如日晷在夜間或陰天便無法運作，而日晷的小時長度也因爲地球的傾斜而日日不同。至於沙漏與水鐘用來計算某一特定行爲的時間長短雖然理想，卻又無法顯示時間。爲什麼歷史上有那麼多決鬥、戰役與其他事件都在破曉時分進行？並不是因爲我們的祖先特別喜歡早起，而是因爲破曉是每個人都能確認並達成共識的唯一時間。在沒有精準的計時器的時代，生活便由社會學家所謂的「自然時間」所控制。人們做某件事都是因爲感覺對了，而不是因爲手錶的時間到了。他們餓了就吃東西，睏了就睡覺。然而從一開始，計時器在告訴人們時間的同時也告訴人們該做些什麼。

早在六世紀時，本篤會修士便過著足以讓現代時間管理者感到自豪的規律生活。他們利用原始的計時器，不分晝夜，在固定的時間敲鐘，催促彼此從一份工作換到下一份工作，從禱告到讀經到耕作到休息，然後又回到禱告。當歐洲城鎮的廣場上開始冒出機械鐘之後，控制時間與控制人之間的界線變得更加模糊。科隆便是一個十分值得研究的案例。根據歷史記載，這個德國城市在一三七〇年左右設置了一座公共鐘樓。一三七四年，科隆通過一條法令，規定勞工每日上下工的時間，並且將他們中午休息時間限制爲

「一個小時整」。一三九一年，該城於夜間九點（冬天八點）以後對外地人實行宵禁，到了一三九八年，又在夜間十一點以後對所有人實行宵禁。就在短短的三十年間，科隆人民從根本無法確知時間，轉變到讓時鐘支配何時上工、午休多久以及每晚何時回家。鐘錶時間逐漸凌駕於自然時間之上。

由於有本篤會修士照亮前路，具有現代頭腦的歐洲人便開始每天利用行事曆，讓自己的生活與工作更有效率。義大利文藝復興時期的哲學家、建築師、音樂家、畫家兼雕刻家阿伯提（Leon Battista Alberti）是個忙碌的人。爲了盡量不浪費時間，他每天第一件事就是安排行程：「我早上起床以後，第一件事就是問問自己當天必須做些什麼。這許多事情，我把它們列出來，思考一番，然後分配適當的時間：這件事，今天早上，那件事，今天下午，另一件事，今天晚上。」想也知道阿伯提一定會想要一個PDA。

時間就是金錢

工業革命期間，世界突然進入超速傳動狀態，時間的安排於是變成一種生活方式。在機器時代到來之前，沒有人能比一匹奔馳的馬或滿帆的船跑得更快。引擎的力量改變了一切。轉眼間，只要按下一個按鈕，不管是人、資訊或物件，都能以前所未有的速度跨越極大距離。工廠一天的生產量比手工藝匠一輩子的製造量還要多。創新的速度可能帶來難以想像的興奮與繁榮，人們便熱烈地接納了。當一八二五年，全世界第一列載客用蒸氣火車在英國約克夏首度行駛時，便受到四萬名群眾與二十一響禮砲的盛大歡迎。

工業資本主義不只仰賴速度，也給了速度絕無僅有的回報。以最快速度製造、運輸的業者，可以將價格削得比對手低。你愈快將資金轉換成利潤，就能愈快重新投資賺取更大利益。十九世紀之所以出現「賺輕鬆錢」這句話，絕非偶然。

一七四八年，工業時代初期，富蘭克林以一句至今依然耳熟能詳的名言，將利益與急速結合在一起：時間就是金錢。而最能反映或是強化這種心態的轉變，就是依工作時數而不是工作產量支付工資。一旦每分鐘都要花錢，產業便從此困在一個必須不斷加快輸出的競賽當中。每小時生產的產品愈多就等於利益愈多。保持遙遙領先就表示要搶在對手之前引進最新的省時科技。升級、加速、不斷提升效率，這些都是現代資本主義先天必備的條件。

都市化——工業時代的另一個特色——也是步調加快的因素之一。城市總會吸引有活力、有衝勁的人，但都市生活本身卻有如一個巨大的粒子加速器。人們搬到都市之後，做每件事都會變快。一八七一年有一位不知名人士在日記裡如此描述英國首都：「在倫敦，神經的磨損與腦力的耗費極大。倫敦人過著快速的生活。在倫敦的人忙得要命，其他地方的人則閒得要命……腦子在一連串快速變化的新影像、新人與新感覺中，繃得緊緊的。無論做什麼事，步調都愈來愈快。買與賣、計價與秤重，甚至連在櫃臺聊天，全都有一定程度的快速與匆忙……緩慢與懶散的人很快就發現自己毫無機會，但不久之後，他們便會像拉著快速馬車的駑馬一樣，發展出一種前所未有的步調。」

由於工業化與都市化的普及，十九世紀帶來一項又一項的新發明，全是為了讓人能更快速地旅行、工作與溝通而設計。有一位瑞典人到美國旅行時，寫道：一八五〇年，在美國專利局登錄的一萬五千種機器，多半是「為了加快速度，以及省時省力」。倫敦第一條地下鐵於一八六三年啓用；柏林於一八七九年改用第一輛電車；Otis公司於一九〇〇年發明第一道手扶電梯。到了一九一三年，全世界最快速的生產線產出了福特T型車。一八三七年啓用的電報也加速了溝通，接著是一八六六年的第一條跨大西洋電纜，十年後又有電話與無線電出現。

時鐘的誕生

然而，若沒有精準的計時，這些新科技便無法徹底利用。鐘錶是現代資本主義的操作系統，有了它，其他一切——如會議、最後期限、合約、製造過程、行程、運輸、輪班等——才能順利進行。傑出的社會評論家孟福（Lewis Mumford）便將時鐘視爲工業革命的「關鍵機械」。但卻是直到十九世紀末，發明了標準時間之後，時鐘的潛能才得以完全發揮。在此之前，每個城鎮都以正午的太陽爲計時標準，亦即當影子消失、太陽出現在頭頂正上方的怪異時刻。結果自然出現混亂不一致的時區。例如在一八八〇年代初期，紐奧良就比位於西方八十哩外的巴頓魯治慢了二十三分鐘。在無人跑得比馬更快的年代，這種謬誤幾乎無關緊要，但如今火車跨越鄉鎮的速度已經快得讓人足以發覺。爲了讓火車時刻表有效率，各國開始統一國內的時間。到了一八五五年，大部分的英國人都接受了格林威治皇家天文臺以電報傳達的時間。一八八四年，有二十七國同意以格林威治爲零度經線，全球標準時間也因而產生。到了一九一一年，全世界的時間幾乎都統一了。

工業時代早期要說服勞工根據時鐘作息並不容易。有許多人還是按照自己的步調工作，任意休息，有時甚至根本不上工——這對支付時薪的工廠老闆而言可說損失慘重。守時是現代資本主義不可或缺的觀念，爲了教導勞工學習這項新的時間紀律，管理階層便開始宣導守時乃是公民的義務與美德，並將緩慢與遲到貶爲罪大惡極。電子訊號鐘錶公司（Electirc Signal Clock Company）在一八九一年的目錄中，更針對腳步落後的弊病提出警告：「一個人若想成功，有一種美德比其他任何美德都值得培養，那就是守時；有一種過失務必避免，那就是誤點。」該公司有一種名副其實的時鐘叫做「獨裁者」，聲稱可以「使落後與遲到者徹底改頭換面」。

當發條鬧鐘首度於一八七六年上市時，守時的觀念更加受到大力宣揚。幾年後，工廠開始設置勞工上下班的打卡鐘，使「時間就是金錢」的原則與每天的例行公事緊密結合。當壓力提升到分秒必爭的地步，攜帶式計時器便成爲地位的象徵。在美國，窮人會加入每星期以購買號碼牌抽獎的方式送出一只手錶的俱樂部。一八八一年版的麥高菲讀本（McGuffey's Readers）中，有一課課文也警惕學童遲到可能造成可怕災難：火車撞車、生意失敗、作戰失利、執行失誤、戀愛受挫：「人生始終是如此，每天總有最完備的計畫，最重要的業務，個人的財富、榮譽、幸福與人生，因爲某人遲到而被犧牲。」

當時鐘上緊發條，科技也讓每件事能更快完成之際，匆促與忙碌也滲進了生活的每個角落。大家都得思考得更快、工作得更快、話說得更快、閱讀得更快、書寫得更快、吃得更快、移動得更快。十九世紀某位觀察家便曾譏諷道：一般紐約人「走路總好像前面有一頓盛宴等著，後面有庭吏驅策著」。一八八〇年，尼采也發現當今逐漸生出一種「……急急忙忙，一種慌張而汗流浹背的匆促文化，大家都想立刻『做好每件事』」。

知識份子開始察覺我們塑造科技卻也受科技塑造。一九一〇年，歷史學家卡森（Herbert Casson）寫道：「……人們在使用電話後有了一種新的性情。緩慢閒散的心境遭到摒棄……生活變得更緊張、更警醒、更有活力。」卡森若是知道長時間在電腦前工作，會讓人對任何無法跟上軟體速度的人感到不耐，他想必不會過於驚訝。

泰勒效應

十九世紀末，有賴一位首重管理、名叫泰勒（Frederick Taylor）的顧問，匆促文化又晉升一級。泰勒在賓州的伯利恆鋼鐵工廠，用一個馬錶和一把計算尺算出每項作業時間需要幾分之幾秒，然後安排出最有效率的做法。「過去以人爲主，」他預言道：「將來則必須以系統爲主。」雖然全世界都興致勃勃地讀著泰勒的著作，他本身卻享受著將「科學管理」這個招牌口號付諸實行後所獲得的各種成就。在伯利恆鋼鐵工廠裡，他教導某位工人在一天內比其他人多搬了四倍的生鐵。但是其他許多員工卻抱怨壓力太大、太累而離職。泰勒是個很難相處的人，最後終於在一九〇一年被解雇。但儘管他晚年鬱鬱而終，更深受工會厭惡，他的信條——計畫第一，人其次——卻在西方人的心靈留下不可磨滅的印記。而且還不只在職場上。一九九九年以泰勒主義爲題拍了一支電視紀錄片的史瓦茲（Michael Schwarz）說：「泰勒或許死得屈辱，但他卻很可能獲得平反，因爲他對於效率的觀念如今已經界定了我們的生活方式，而且不僅限於工作，連私生活也一樣。」

大約就在泰勒計算著換燈泡需要幾百秒之際，奧里治（Henry Olerich）出版了一本名爲《一個無城無國的世界》（*A Cityless and Countryless World*）的小說，描寫在火星上一個文明社會裡，由於時間太珍貴而變成了貨幣。一百年後的今日，他的預言幾乎成眞：時間從來沒有像現在這般地像金錢。我們甚至還有「時間富人」或較常聽到的「時間窮人」的說法。

答案在於如何看待時間本身

如今物質如此豐富，爲什麼時間不夠用的情形卻如此普遍呢？主要得歸咎於我們有限的生命。現代醫學也許能將人的壽命從聖經認定的七十歲延長十年左右，但我們仍然活在所有生物最大期限的陰影下：死亡。這也難怪我們會覺得時間苦短，而拚命善用每一刻。但假如這是全人類的本能，又爲什麼有些民族與時間賽跑的傾向比其他民族明顯呢？

答案可能有一部分在於我們如何看待時間本身。在某些富於哲學的傳統中——例如中國、印度與佛教社會——時間是循環的。加拿大巴芬島上的伊努伊特族人，則用同一個字——uvatiarru——代表「久遠的過去」與「久遠的未來」。在這些文化當中，時間總是來來去去。它隨時都在我們身邊，反覆更新，就像我們呼吸的空氣。而在西方傳統中，時間是直線的，像一支從A點飛到B點便不復返的箭。它是有限的資源，也因此殊爲珍貴。基督教信仰更強調要善用每一刻，讓人備感壓力。本篤會修士之所以把時間塡得滿滿的，就是因爲他們相信魔鬼會給怠惰的人找事做。十九世紀時，達爾文以嚴厲的口吻呼籲人們行動：「會浪費一個小時的人就表示他尚未找到人生的意義。」這句話概述了西方人對於善用每分每秒的執著。

在日本當地與小乘佛教和平共存的神道信仰，也認爲時間是循環的。但在一八六八年之後，日本人卻開始以近乎超人的熱誠直追西方世界。爲了創造現代化的資本主義經濟，明治政府引進了西方的時鐘與曆法，並開始鼓吹守時與把握時間的美德。第二次世界大戰日本慘敗後，他們對效率的狂熱更是有增無減。今天當你站在東京的新宿車站，看到通勤的人明知兩分鐘後又有車會進站卻仍飛奔去趕火車，便能知道日本人已經全盤接受了「時間是有限資源」的觀念。

日本人的另一項專長——消費主義——也是加快腳步的一個強有力的動力。早在一八三〇年代，法國作家托克維爾（Alexis de Tocqueville）便曾將生活步調變快歸咎於購物的本能：「一心只顧著追求世俗享受的人總是很匆忙，因爲他只能利用有限的時間去獲得、去把握、去享受。」這段分析，今日聽起來更加中肯，因爲整個世界就是一間商店，所有的男男女女全是購物者。我們在到處充滿誘惑與刺激的世界裡，企圖盡可能地塞滿各種消費品與經驗。除了亮麗的事業之外，我們還想上藝術課、上健身房、看報紙、讀完每本暢銷書、與朋友聚餐、逛夜店、運動、看幾小時電視、聽音樂、陪家人、買所有最新流行的服飾與小玩意、看電影，與伴侶享受獨處時光與美好的性愛，假日裡到很遠的地方渡假，或甚至做一些有意義的義工服務。結果只是讓我們在對人生的期望與現實的落差中痛苦萬分，進而感到時間永遠不夠用。

我自己的生活就是這種模式。照顧孩子需要花很多精神，要想從親子關係中存活下來唯一的方法就是縮減每天的行程。但我覺得很困難。我什麼也不想放棄。因此我不但沒有減少我的嗜好，反而設法將它們全部擠進已經快要塞爆的行事曆中。在偷偷多打了一場網球之後，接下來的一整天便開始像趕集一樣。開車變快、走路變快，還省略了床邊故事。

我和所有人一樣，指望科技能幫我買到更多時間，也許就不會覺得如此匆忙。可是科技並非忠實的朋友。即使真的節省了時間，卻經常衍生出一堆新的責任與慾望而讓效果大打折扣。當洗衣機於二十世紀初出現後，家庭主婦無須再花好幾個小時，做那份常常搓得指節破皮的苦工。幾年下來，由於衛生標準提高了，我們也變得更常洗衣服。結果是：堆得高高的洗衣籃也和門口那一大疊帳單一樣，成了現代家庭的一項特色。另一個例子是Email。就正面而言，它讓人們建立起前所未有的聯繫。可是使用的簡便卻造成過度濫用，大家動不動就按下「傳送」。資訊高速公路每一天都要傳送超過五十億封電子郵件，其中多數是不必要的留言、無聊的玩笑與垃圾信件。於是我們大多數人每天都不得不爬電子郵件山。

由於時間壓力實在太大，就連最熱誠支持緩慢的人也覺得很難不匆忙。就拿前耆那教僧人庫瑪（Satish Kuma）來說，他在一九六〇年代從故鄉印度一路走到英國，之後又徒步環遊了大半個地球，今天他住在英國西南部的得文，並在此發行一本雙月刊雜誌《復活》（*Resurgence*），宣揚許多緩慢哲學的觀念。某個美好的夏日傍晚，我在倫敦的海德公園與庫瑪碰面。他瘦小的身軀穿著一套亞麻布衣服，不慌不忙地穿過一群又一群溜直排輪、慢跑和快走的人。我們坐在一棵樹蔭下。庫瑪脫去鞋襪，將那雙走過萬里路的腳放進長長的草叢中。我問他對時間病的看法。

「這是一種西方的疾病，想要讓時間變得有限，然後將速度強加於生活的各個層面。」他說：「以前我母親常對我說：『神製造時間的時候，製造了很多。』她說得沒錯。」

可是你的母親一輩子都住在印度鄉下，我提醒道。在現代世界裡，加快速度、超越時鐘的壓力的確難以抗拒。

「不錯，在某個範圍內確實如此。我住在這裡也難免會匆忙，會加快腳步。有時候爲了趕上雜誌的出刊期限，不得不這麼做。我們住在西方，經常要努力地不被鐘錶控制。」

一架飛機轟隆隆地從頭上飛過。庫瑪瞄了手錶一眼。再過十五分鐘，他的新書發表會就要開始。「我該走了。」他無力地笑笑說：「我不想遲到。」

快還要更快

時間病也可能是一種對於存在更深沉的不安的徵兆。在筋疲力竭之前的最後階段，一般人常會加快速度來避免面對自己的不快樂。昆德拉認爲速度能幫助我們隔絕現代世界的恐怖與貧乏：「我們這個時代一心只想遺忘，它爲了滿足這個欲望便將自己獻給速度魔鬼；它加快腳步，好讓我們知道它不想再記住什麼，它已經厭倦自己，討厭自己，它想吹熄那盞熒熒的記憶之光。」

也有人認爲加快速度所要逃避的不是人生而是死亡。多倫多大學的哲學教授金維爾（Mark Kingwell）在他的著作中，對於現代人對速度的狂熱便有精闢的見解。我們邊喝咖啡邊談話時，他將話題轉移開了火箭引擎與寬頻網際網路。他說：「不管一般人怎麼想，探討速度其實和目前的科技狀況並無實際關聯，而是要深入得多，要追溯到人類超越的慾望。我們會死亡的這個事實叫人很難接受，令人不快，因此我們不斷找尋方法轉移我們對自己有限生命的注意力。速度能給人忙碌的感覺，便成了分散注意力的策略之一。」

不管你樂不樂意，人類大腦就是與速度關係密切。那種危險，那種暈眩，那種來自速度的興奮、刺激、飄飄然的瞬間感覺輸入，讓我們有一種快感。速度會誘使人體釋放出兩種化學物質——腎上腺素與正腎上腺素——這種情形在做愛時也同樣會發生。昆德拉所謂「速度的狂喜」眞是一點也沒錯。

我們不只享受快速，而且習慣快速，我們已經被「速度化」。我們剛上高速公路，時速一百一似乎很快。幾分鐘後，便習以爲常。接著下交流道，時速減爲五十，感覺上簡直慢得令人咬牙切齒。速度化使我們不斷地需要更快。在習慣了一百一的時速後，我們總難免會多踩一下油門，將速度計指針推向一百三或一百五或更高點。一八九九年，一位比利時工程師製造出第一輛純粹爲了打破速度記錄而設計的車。這輛車形狀有如魚雷，由兩顆電子引擎驅動，名稱更點出了我們快還要更快的渴望：「La Jamais Contente」（從不滿足）。

速度化的魔咒影響所及不僅止於戶外公路。就拿上網來說吧，我們永遠嫌自己的網路連線不夠快。我剛開始使用寬頻數據機上網時，感覺它快如閃電，現在卻覺得它慢吞吞的，甚至有點走不動。要是有哪個網頁無法立刻下載，我就會失去耐心。即使只是慢個兩三秒，我也會猛按滑鼠企圖加快速度。結果似乎也只有換更快速的連線一途了。

在不斷加速之際，我們與時間的關係只會有愈來愈多的煩惱與障礙。任何一本醫學參考書都會告訴你，過度執著於細節是精神官能症的典型病徵。當我們不斷迫使自己將時間分得更細——比方說，彈指要花十億分之五億秒——便會更注意到它的流逝，也會更急於善加利用它，因而更神經質。

其實時間的本質似乎也改變了。過去聖經教導我們「凡事都有定期，天下萬務都有定時」——生有時，死有時，醫治有時，哭有時，笑有時，愛有時等等。在《唐吉訶德》中，塞萬提斯寫道：「Que no son todos los tiempos unos」——並非所有的時間都一樣。不過，在一個二十四／七的世界裡，所有的時間都一樣：禮拜六付帳單、禮拜天逛街購物、抱著筆記型電腦上床、熬夜工作、將全天供應的早餐塞入腹中。我們蔑視季節，在冬天裡吃進口的草莓，而且全年可以吃到從前只有復活節才有的十字小麵包。如今有了手機、「黑莓」即時通訊（Blackberrys）、呼叫器與網際網路之後，所有人事物更是一天二十四小時待命。

有人說在全日無休的文化裡，你想什麼時候工作或買東西都行，感覺便不會那麼匆忙。這種想法有點一廂情願。界線一旦衝破後，競爭、貪念與恐懼會促使我們將「時間就是金錢」的原則，不分晝夜地運用在每一分每一秒，於是就連睡覺也躲避不了匆忙。有數以百萬計的人一邊打瞌睡一邊聽錄音帶，以便準備考試、學習外語、複習管理技巧。在睡眠學習的網站上，分明是侵擾了原本唯一可以放慢腳步而不感到內咎的時刻，卻被粉飾爲自我成長的難得機會：「佔去你生命三分之一的睡覺時間，目前毫無生產力。好好開發這巨大的潛能，來增進你的成就、健康與幸福吧！」

正由於我們對時間過度敏感，便發明一種新療法來對抗這種神經質，於是出現了時間管理大師。這些大師透過無數書籍與座談會所提供的建議，有些還頗有道理。許多人建議我們少做一點事情才能做得更好，這是緩慢哲學的中心思想。但他們大多忽略了我們的根本問題：太執著於省時，而且還甚至於縱容我們。二〇〇〇年，柯特瑞（David Cottrell）與雷頓（Mark Layton）出了一本《花更少時間做更多事的一七五個竅門》（*175 Ways to Get More Done in Less Time*），全書一氣呵成、毫無間斷，可說是創造最高效率、加快速度的手冊。第一四一個竅門說得很明白：「快還要更快！」

作者透過這幾個字簡潔地總括了現代世界的問題。你不妨想一想：快還要更快。速讀普魯斯特、半小時內做愛完畢或每餐都使用微波爐，這樣眞的有意思嗎？當然沒有，可是事實上有人能寫出「快還要更快」這些字眼，更顯見我們已經偏離了常軌多遠，又是何等迫切地需要重新思考我們的整個生活方式。

現在修正還不算太遲。即便是在一分鐘床邊故事的時代，除了快還要更快之外仍有其他選擇。也許聽起來有點矛盾，不過緩慢運動正在快速成長之中。

2 慢活：緩慢就是美

要想快速有效地解除壓力，就試著慢下來吧。

——美國女明星兼喜劇演員莉莉．湯姆林（Lily Tomlin）

瓦格蘭（Wagrain）是位於奧地利阿爾卑斯山脈深處的一座休閒小鎭，生活步調緩慢。薩爾茲堡和維也納的居民常到此逃避都市的喧囂擾攘。夏日裡，他們會沿著森林步道而行，在山中溪水旁野餐。下雪時，他們便划著雪橇穿過林地，或衝下鋪著鬆軟細雪的陡坡。無論什麼季節，呼吸了阿爾卑斯山的空氣，總能讓人回到小木屋之後一夜好眠。

不過這座小鎭每年都有一度不只是步調緩慢的地方，還是緩慢哲學的出發點。每年十月，時間減速協會都會在瓦格蘭舉行年度大會。

這個協會以奧地利的克拉根福（Klagenfurt）爲根據地，是緩慢運動的先驅，會員號稱遍及整個中歐地區。該協會的一千多名會員有如作戰時的步兵，對抗著凡事都要更快的狂熱。也就是說在日常生活中，應該慢下來的時候就該放慢腳步。會員若是醫生，可能就會堅持多和病人聊聊；若是管理顧問，週末時可能會拒接有關工作的電話；若是設計師，可能會騎單車去開會而不是開車。減速會員們用一個德文字「eigenzeit」來總結他們的信念。「eigen」是「自己的」意思，「zeit」是「時間」。換句話說，每個生物、事件、過程或物品都有它與生俱來的時間或步調，有它自己的 tempo giusto（正確的速度）。

該協會不僅發表文章嚴肅地探討人與時間的關係，還因為使用諷刺的宣傳手法而引發爭議，因爲會員背上夾板廣告招牌穿梭於市區，招牌上的口號卻是「請快一點！」不久前，該協會甚至要求國際奧委會頒發金牌給速度最慢的選手。

脫離速度文化

「加入緩慢運動並不表示你必須凡事都慢——我們也搭飛機呀！——或是你必須隨時隨地都很嚴肅、很有哲學氣息，或是你非得壞了其他人的興致。」辦事極有效率的協會祕書史莫澤（Michaela Schmoczer）說：「嚴肅沒有關係，但你不必失去幽默感。」

牢記這一點的減速會員會定期在市區裡設下「速度陷阱」。他們用馬錶測量行人進行日常活動的時間，一旦發現有人在三十七秒內走完五十公尺，便將他們拉到一旁請問他們如此匆忙的原因。懲罰這些人的方法是讓他們操作一個複雜的烏龜傀儡，一面走完五十公尺。「每次都非常成功。」在德國烏爾姆設速度陷阱的教師亞當（Jurgen Adam）說：「大部分的人根本沒有想過自己爲什麼走這麼快。可是當我們請他們談談速度與時間，他們覺得非常有趣。他們很喜歡放慢腳步的這個想法。甚至有人稍後還主動回來要求再操作烏龜一次。他們覺得這樣做很舒服。」

在該協會二〇〇二年度大會上，七十位來自德國、奧地利與瑞士的會員來到瓦格蘭，三天當中一面喝酒、吃維也納煎牛排，一面整頓這個世界。服裝隨性，時間管控也不嚴格。釘在大會議室裡的那句口號充分表達了他們的訴求：時間對了就開始。意思是：許多研討會都開始得很晚。由於印刷上的失誤，星期六的議程漏掉整整三十分鐘。我向一名代表反應時，他有點不知所措，接著便聳聳肩，微笑著說：「無所謂，輕鬆地來輕鬆地去吧。」

不過你可別誤會。這些減速會員可不是嬉皮年代遺留下的怪物，絕對不是。他們是社區裡那種隨時留意世界大事、憂國憂民的人士——律師、顧問、醫生、建築師、老師。然而，開會偶爾確實也會變得有點滑稽。在某家飯店大廳舉行的一場研討會上，有兩名不修邊幅的哲學系學生正在主持討論無所事事的藝術。十幾名會員比預定開始的時間晚了十分鐘到達。他們不發一語地坐在摺疊椅上，不舒服地動來動去。一片靜默中，只聽到附近樓梯間隱約傳來吸塵器的聲音。

不過在飯店另一處集會的其他會員，卻比較實際地探討放慢腳步的方法。主持這場研討會的是一名企業家，他提出了創辦全世界第一家緩慢旅館的藍圖。「現今大部分的假期都太緊張了。」沃爾曼（Bernhard Wallmann）解釋道。他是個高大的中年男子，眼睛看起來好像一隻可愛的小狗。「旅行一開始就搭飛機或開車，然後趕著去看各個景點。你會在網路咖啡廳裡查email，在飯店裡看CNN或MTV。你會用手機打電話回去和朋友、同事聯絡。結果回家以後比出發時更累。」他那間位於偏遠的奧地利國家公園內、擁有三百個床位的緩慢旅館將會有所不同。客人得搭乘蒸氣火車抵達鄰近的村莊，然後步行或搭馬車前往旅館。所有具有匆忙誘因的科技——如電視、手機、筆記型電腦、掌上型電腦、汽車——一律禁止出現。客人在此將會享受到簡單而緩慢的樂趣，例如園藝、步行、閱讀、瑜珈與三溫暖設備。旅館還會請人來發表關於時間、速度與緩慢的演說。當沃爾曼鋪陳他的遠景時，有些會員出聲反對。這個計畫太龐大、太精英主義、太商業化了，他們喊道。但穿著黑亮皮鞋、一副生意人模樣的沃爾曼卻不氣餒。「現在全世界都非常渴望緩慢。」後來他邊吃蘋果捲心餅邊對我說：「我想現在開一家能讓人眞正在各方面都放慢腳步的旅館，正是時候。」

要脫離速度文化等於是信念上的一個巨變——當你知道別人也在變的時候，改變會比較容易。慕尼黑的房地產律師海勒（Erwin Heller）告訴我，與時間減速協會其他會員的聚會幫助他跨出了這一步。「我覺得一切不斷加速並非好事，但沒有人附和你的時候，你總會懷疑是不是自己錯了，其他人才是對的。」他說：「知道另外有許多人的想法和我一樣，甚至付諸行動，我才有信心放慢腳步。」

緩慢就是美

該協會的會員們並不孤單。世界各地都有人開始集結，組成支持緩慢的團體。日本的樹懶俱樂部目前已有七百多名會員，致力於倡導較不匆忙、較親環境的生活。這支團體在東京開了一家咖啡館，供應有機食物、舉辦燭光音樂會，並販售印有「緩慢就是美」的口號的T恤與咖啡杯。店內桌子的距離也刻意比一般日本咖啡館拉得更開，促使消費者能放鬆心情多停留一會。減速運動如今在日本十分流行，有一部分也要歸功於樹懶俱樂部。日本廣告業者無論賣什麼東西——不管是香菸、渡假行程或是公寓——都會用上英語「slow」這個單字。由於一般人都十分嚮往歐洲地中海地區悠閒的生活方式，才會有評論家提到「日本民衆的拉丁化」。

二〇〇一年，樹懶俱樂部的創辦人之一，也是人類學家兼環保鬥士大岩圭之助（筆名辻信一），發表了關於世界各地各種緩慢運動的概論，書名叫做《緩慢就是美》（*Slow is Beautiful*），至今已經是第十二刷。我前往東京郊區的明治學院大學，來到辦公室拜訪他時，他剛剛結束一個為期三天的研討會回來，這個關於緩慢的研討會是由兵庫縣政府舉辦，參加人數十分踴躍。「在日本有愈來愈多人——尤其是年輕人——慢慢了解到慢是沒有關係的。」他說：「對我們來說，這就象徵著態度上的巨大轉變。」

在太平洋另一端，位於芝加哥的今日永存基金會也使這波潮流的聲勢更加壯大。該會會員提出警告——我們為了每天的例行公事庸庸碌碌，幾乎從未將視線往後移到下一個期限、下一季的數據。「文明正不斷加速旋轉進入一個病態短視的範圍。」他們說。爲了讓我們放慢腳步，睜開眼睛看得更遠、更大，該基金會正在打造精密的巨型時鐘，這些鐘每年只敲響一次而且可以走一萬年。第一座大鐘外型是一隻銅鐵鑄成的美麗野獸，目前已經展示於英國倫敦的科學博物館。第二座鐘將會利用內華達州東部大盆地國家公園附近的石灰岩壁雕刻而成，規模更大得多。

今日永存的會員有不少科技界的人，幫助發展超級電腦的希勒斯（Danny Hillis）便是委員之一。而贊助者也不乏高科技大企業如仁科、歐特克與昇陽電腦。爲什麼世界上最快速工業的玩家會支持一個倡導緩慢的組織呢？因爲他們也體認到速度的狂熱已經失控。

今日這些支持緩慢的組織，其實是隸屬於一個早在工業時代開始前便已存在的反抗傳統。即使在古代，我們的祖先也對計時器的不人道感到氣惱。西元前二〇〇年，羅馬劇作家普勞圖斯（Plautus）便發出了以下的哀嘆：

下地獄去吧，那最初發現

如何分辨時間的人——你也下地獄去吧
在此建立日晷的人
可憐我的時日竟被切砍分割
成零碎片段！
……（即使坐下來）我也無法進食，除非太陽允許。
城裡到處都是這些該死的日晷……

機械鐘在歐洲普及的同時，抗議聲音始終不曾遠離。一三〇四年，威爾斯一名吟唱詩人格維林（Daffyd ap Gwvilyn）曾勃然怒道：「河岸邊吵醒我的黑面大鐘下地獄去吧！它的頭，它的舌，它的那對繩索，它的齒輪模型，還有它的砝碼與笨重圓球，它的洞孔，它的鐘鎚，它那像鴨子般的呱呱叫聲，彷彿熱切期待白晝與其永無休止的工作。」

當計時觀念滲透到生活的每個角落，諷刺作家們便拿歐洲人對時鐘的熱忱來作文章。例如在《格列佛遊記》（一七二六年）裡，小人國的人民見格列佛不時看錶，便認定那是他的神。

睡覺八小時，隨心所欲八小時

工業化腳步加速之際，時鐘崇拜與速度狂熱的反彈也同樣沒有落後。許多人譴責強行統一全球時間其實是一種奴隸形式。一八八四年，美國的編輯兼隨筆作家華納（Charles Dudley Warner）表達出一般民衆不安的心聲，同時也呼應了普勞圖斯：「將時間嚴格地分割成一段一段，等於是侵犯了個人自由，完全沒有顧慮到每個人性格與感覺的差異。」也有人抱怨機器讓生活變得太快速、太忙碌、少了人性。一七七〇年以後，藝術家、作家與音樂家鼓吹的浪漫主義運動橫掃歐洲，有一部份也是爲了反抗忙亂的現代文化，追憶一個已不存在的美好年代。

隨著工業革命一路下來，人們不斷企圖挑戰、克制或逃避愈來愈快的生活步調。一七七六年，巴黎的書籍裝訂工人發起罷工，要求每日工作時數以十四小時爲限。後來在新工廠裡，工會又爭取更多的休息時間。標準的標語是：「工作八小時，睡覺八小時，隨心所欲八小時。」有一些激進的工會會員砸爛了工廠大門上方的時鐘，此舉更顯示了時間與力量之間的關聯。

在此同時，在美國還有一群被稱爲超驗主義者的知識分子，讚頌著根植於大自然、悠閒而簡單的生活。梭羅便是其中一份子，他於一八四五年搬到波士頓附近華登湖畔的一個單間小木屋，並在此譴責現代生活有如單調的刑罰，「永無止境的喧囂……除了工作，還是工作。」

一八七〇年，以英國爲首的美術與工藝運動從量產轉而支持手工藝匠們的慢工細活。工業世界的各大城市裡，疲憊的都會人也爭相湧進鄉村讓自己喘口氣。吉富理（Richard Jeffries）以英國綠意盎然的怡人之地爲背景，寫作小說與回憶錄而成名，而浪漫派畫家如德國的斐德里克（Caspar David Friedrich）、法國的米勒（Jean-François Millet）與英國的康斯塔伯（John Constable），更在畫布上揮灑出閒適的鄉村景致。都市人渴望在淳樸的田園間休息一下充充電的心態，促使現代觀光業開始發展。到了一八四五年，英國大湖地區的觀光客已經多過綿羊了。

十九世紀末，醫師與精神病專家都開始呼籲大家重視速度的負面影響。畢爾德（George Beard）於一八八一年出版《美國人的焦慮》（*American Nervousness*）跨出了第一步，將神經痛、蛀牙與落髮等等疾病歸咎於快速的生活步調。畢爾德指出現代生活重視守時，堅持善用每一秒，以致於讓每個人都覺得「幾秒鐘的延誤可能毀滅一生的希望」。

三年後，克里頓布朗爵士（Sir James Crichton-Browne）譴責現代生活的快節奏導致英國死於腎臟衰竭、心臟病與癌症的人數驟增。一九〇一年，葛納（John Girdner）更發明「紐約炎」（newyorkitis）這個病名，病癥包括焦躁、動作快速與衝動。一年後，一位名叫阿諾托（Gabriel Hanotaux）的法國人在預測現代環境時警告道，現代人不顧一切地追求速度，將加速全世界煤礦的枯竭：「在停留期間，我們爲了更快速地通行卻將路燒毀。」

早期的速度批評者所表達的憂懼，有一些顯然十分荒謬。有醫師聲稱蒸氣火車的乘客會被壓力粉碎，還有人說只要看到高速火車頭就會發瘋。一八九〇年代自行車剛剛普及之時，有人擔心迎風快速騎車會造成永久性的毀容，或稱爲「自行車臉」。保守人士也警告說單車會讓年輕人墮落，因爲他們可以騎著車遠離監護人的視線去約會。無論這些疑慮有多可笑，到了十九世紀末仍證明了速度確實有害。每年都有數以千計的人在新式快速交通工具——單車、汽車、巴士、電車、火車、汽船——的意外中喪生。

降檔減速

隨著生活腳步逐漸加快，許多人大聲抗議速度剝奪人性。法國作家米哈波（Octave Mirabeau）於一九〇八年寫道：「(我們的）思想、感覺與愛都像一陣旋風。到處的生活都急促瘋狂，有如騎兵隊衝鋒陷陣一般……一個人周遭的一切都在蹦跳、亂舞、奔忙，步調與他完全不協調。」經過二十世紀，反對速度狂熱的聲浪更加高漲，並開始結合成廣大的社會運動。一九六〇年代那場反文化的大震盪，使得數百萬人放慢腳步，過著較簡單的生活。自奉儉約運動便是由類似的哲學產生的。一九八〇年代末期，位於紐約的趨勢研究所指出一種所謂「降檔」（downshift）的現象，意思就是將高壓力、高收入、高速度的生活型態換成一種比較輕鬆、比較不重消費的模式。這些降檔者與嬉皮年代的減速者不同，他們的動機較少政治或環境的考量，而是希望生活能過得比較有價值。他們願意放棄金錢，換得時間與緩慢。位於倫敦的市場分析公司 Datamonitor 預估，歐洲二〇〇二年「降檔者」有一千兩百萬，到了二〇〇七年將超過一千六百萬人。

近年來，有許多人在心靈的避風港內逃避速度。當基督教主流教會的信眾逐漸減少，對手福音派卻正蓬勃發展。除了佛教開始在西方流行起來之外，還有主打折衷主義、形而上的新世紀風的書店、聊天室與醫療中心也都很受歡迎。在一般人渴求緩慢的時刻，這一切都很正常。心靈的本質就是緩慢。無論你如何努力嘗試，都無法加速心靈的啓發。每一種宗教都教人要放慢下來，才能與自身、與他人、與更高的力量聯繫。聖經詩篇中第四十六章也說：「你們要休息，要知道我是神。」

十九世紀初期，基督教與猶太教教士爲勞工爭取一週較短工時的運動賦予了道德的力量，他們主張勞工需要更多休息時間，以便滋養他們的心靈。如今，針對緩慢的同樣訴求又再次出現在全世界的講道壇上。利用Google可以搜尋到許多怒叱速度魔鬼的佈道詞。二〇〇二年二月，在紐約州洛契斯特的第一唯一神教教會裡，詹姆斯牧師（Gary James）以緩慢哲學爲題侃侃而談。在一篇名爲「放慢你的腳步」的佈道詞中，他告訴信衆說人生「需要一些認眞努力、加快腳步的時刻……但偶爾也需要停下來——一個安息時刻以便評估自己要往哪裡去，要多快抵達，還有更重要的是爲什麼。緩慢可以是美麗的。」當著名的佛教領袖一行禪師於二〇〇二年造訪科羅拉多丹佛市時，前來聽他演說的民衆超過五千人。他鼓勵他們放慢腳步，「多花點時間更深入地生活」。新世紀的心靈導師也都傳達相同的訊息。

那麼這是否意味著要有心靈信仰或「新世紀風」才能緩慢呢？在我們這個犬儒的、世俗的世界，這是個重要的問題。有許多人——包括我在內——對任何承諾能為你開啓心靈解脫之門的門派，都抱持警戒之心。宗教一向不是我生活的重心，許多新世紀派的做法也讓我感到毫無意義。我想放慢腳步，卻不想被迫求助上帝或採信水晶球或星相說。緩慢運動最終能否成功，就得看它能不能順利地調解我這種人與較傾向心靈層面的減速者之間的歧見了。

緩慢是多大程度的奢侈？

此外，要向速度說「no」也得視經濟條件而定。想要生活緩慢，我們個人與團體須得犧牲多少物質享受才夠呢——如果有所謂的物質享受的話？我們有能力或意願付出這個代價嗎？對於經濟富裕的人而言，緩慢是多大程度的奢侈？這些都是緩慢運動必須回答的重要問題。

如果支持緩慢運動者想要有任何進展，就必須先拔除一般人對「慢下來」這個觀念本身根深蒂固的偏見。在許多方面，「slow」還是一個避諱的字眼。我們不妨看看牛津英語字典如何定義：「遲鈍，乏味，無趣，學習力差，單調，遲緩，慢吞吞。」這些恐怕都不是你願意放進履歷表的東西。在我們這個興奮刺激、愈快愈好的文化中，渦輪驅動的生活仍是展示架上最終的戰利品。當有人抱怨：「唉，忙死了，腳都快跑斷了，生活一團糟，什麼事都沒時間做。」他們的意思其實是：「你看看我：我是多麼地重要、興奮、活力充沛。」雖然男人似乎比女人更喜愛速度，但兩性都同樣沉溺在「快人一步便高人一等」的作風裡。紐約人對美國其他地方生活步調之緩慢便感到不可思議，而訝異之中還摻雜著驕傲與憐憫。「他們好像隨時都在渡假。」曼哈頓一名婦女嗤之以鼻地說：「如果他們在紐約還這樣過日子，就完蛋了。」

支配時鐘，而不是被時鐘支配

緩慢運動最大的挑戰或許就是解決我們與時間之間那種神經質的關係。套前以色列總理梅爾夫人（Golda Meir）的話說，也就是教導我們如何「……支配時鐘，而不是被時鐘支配」。這種現象也許已經悄悄地發生了。身爲倫敦科學博物館時間組組長的盧尼

（David Rooney），負責監督五百件計時器的龐大收藏，收藏品從古代的日晷、沙漏到現代的石英錶、原子鐘應有盡有。這位二十八歲戴眼睛的年輕人對時間有一種幽閉恐懼症，這倒也不令人吃驚。他的手腕上戴著一個精準無比的無線電遙控手錶，錶帶內暗藏天線，每天會從法蘭克福接收到一次最新的時間訊息。如果漏接了一次信號，手錶左下方的螢幕便會出現數字1。如果第二天又漏接信號，數字便會變成2，依此類推。這種精準度其實讓盧尼非常焦慮。

當我們參觀博物館的計時器展覽區，一面爲了壓過鐘錶不斷滴答滴答的響聲而提高聲量交談時，他對我說：「要是沒有收到信號，我會有一種很失落的感覺。當錶面的數字變成2，我會開始擔心。一旦變成3，我就得把它留在家裡的抽屜。知道它有千分之一秒的誤差，我就會緊張起來。」

盧尼知道這種行爲並不健康，但他認爲我們其他人仍有希望。不斷精進計時器準確度的歷史潮流，到了無法普及成爲消費品的無線電遙控手錶終於抵達盡頭。大家寧可戴上Swatch或勞力士追求時髦，不再在乎精準度。盧尼認爲這反映出我們對時間的感覺起了細微的變化。

「工業革命時期，生活被工作所支配，我們也失去時間的控制權。」他說：「我們現在看見的也許正是人們開始反抗的反應。大家似乎已經受夠了，不想再把時間愈切愈細、愈分愈精準。大家不想再執著於時間，或是當鐘錶的奴隸。這裡面可能有一點『老闆注重時間，所以我不想』的心態。」

我們見面幾個月後，盧尼決定認眞處理他自己對計時的執著。他現在戴的是一九六〇年代發條手錶，通常會慢個五分鐘，他不再爲千分之幾秒的失誤而煩惱。「這是我自己對抗過度精準的反應。」他告訴我說。盧尼刻意選擇發條手錶，象徵他再度掌握對時間的優勢。「如果你不每天上發條，錶就停了，所以掌控的人是你。」他說：「現在我覺得是時間在爲我工作，而不是我爲它工作，這讓我感到壓力減輕了。我不再那麼匆忙。」

有些人做得更徹底。我最近去了一趟德國，聽到我的翻譯興致勃勃地說著不戴手錶的好處。由於手機上有時間顯示，他仍然非常準時，不過已經不再像先前那般分秒必究。「手上沒有手錶的確讓我比較沒有時間壓力。」他對我說：「我比較能放慢腳步，因爲時間不會老在我的視線裡面提醒我：『不行，你不能慢下來，你不能浪費我，你得快一點。』」

時間確實是今日的熱門話題。我們該如何利用它？誰來控制它？我們如何才能不對它那麼敏感？美國經濟學家李夫金（Jeremy Rifkin）認爲時間可能是二十一世紀最重要的議題。「一場時間政策的戰爭正在醞釀中。」他在一九八七年出版的《時間戰爭》（*Time Wars*）中寫道：「這場戰爭的結果，可能決定全世界在下一個世紀的政治走向。」當然也有助於決定緩慢運動的未來。

3 慢食：細嚼慢嚥的飲食風格

我們吃什麼就會是什麼樣的人。

——十九世紀德國哲學家費爾巴哈（Ludwig Feuerbach）

美國有一部關於遙遠未來高科技生活的老式卡通叫「摩登家庭」（The Jetsons），你看過嗎？它讓許多孩子瞥見了二十一世紀可能有的風貌。這個典型的四人家庭，住在一個凡事都非常快、超級方便而且完全人造的世界。天空裡到處都是光芒耀眼的太空船，伴侶雙雙對對前往金星渡假，機器人飛快地完成家務。說到烹飪，傑森家更讓麥當勞望塵莫及。只要按下一個按鈕，他們的「家庭食物機」就會吐出義大利千層麵、烤雞與布朗尼巧克力的綜合餐，然後一家人把東西吃個精光。有時候傑森家只吃食物丸當正餐。

我雖然在一個注重美食的家庭長大，但我記得自己曾經很喜歡綜合餐丸的點子，還想像著一口吞下餐丸，然後馬上回到外面和朋友玩耍的情景。當然，速食的概念並不是「摩登家庭」發明的——這是一心只求快還要更快的文化難以避免的幻想，一九五八年，「摩登家庭」播出第一集的四年前，《柯夢波丹》雜誌便曾不帶一絲難過地預言，我們遲早會用一九五〇年代初首度攻進消費市場的微波爐來準備每一餐。到時候為了懷念烹飪步調較緩慢且較眞材實料的從前，我們會在廚房灑上人工香料——想想新鮮麵包、嗞嗞作響的香腸、烤蒜香。結果，《柯夢波丹》的預測只對了一半：如今我們忙得連偽裝氣味也省略了。食物也和其他事物一樣被匆忙給剝奪了。儘管速食餐丸仍是科幻產物，摩登家庭的食譜卻成了我們所有人的參考依據。

快速時代吃快速食物

匆忙在餐桌佔上一席之地是工業革命期間的事。早在十九世紀，免下車外賣漢堡店發明之前，便有一位觀察家將美國人進食的方式總結為「大口吃，大口吞，馬上走」。葳瑟（Margaret Visser）在《晚餐的儀式》（*The Rituals of Dinner*）一書中寫道，工業化的社會終將奉速度為正式餐宴上「掌控與效率的指標」。一九二〇年代末期，美國社交禮儀權威蒲愛梅（Emily Post）正式宣布，一場晚宴從第一個客人進門到最後一個客人離開不能超過兩個半小時。今天，一般人用餐多半就像是停下來加個油，沒有和家人或朋友一起，而是獨自進行，吃的同時可能一面在移動或做其他事情——如工作、駕駛、看報、上網。現在差不多有半數英國人會坐在電視機前吃晚餐，而一般英國家庭的成員共同在車上度過的時間比在餐桌旁還要多。就算家人眞的一起吃飯，也通常是在麥當勞之類的速食店，用餐時間平均不到十一分鐘。葳瑟認爲社交晚餐對現代人來說太慢了：「當你心血來潮，用微波爐只要五分鐘就能喝到一碗湯，相較之下，與朋友聚餐就顯得正式，而且不得不做安排又浪費時間……然而自己一個人趕時間當然很自由，大家也比較能接受。」

餐桌上的加速其實也反映在農場上。化學肥料與殺蟲劑、密集飼養、抗生素飼料添加物、生長激素、精密的飼養管理、基因改造——農民運用一切已知的科學手法以降低成本、提高產量，並讓禽畜與農作物成長得更快速。兩百年前，一般豬隻需要五年才能達到六〇公斤重，現在卻只要半年就能有一〇〇公斤，乳齒尚未掉落便得被宰殺。北美鮭魚經過基因改造後，生長速度能比原來快上四至六倍。小地主改行經營集約農場，專門大量生產快速、便宜、制式化的食物。

當我們的祖先遷移到城市，與土地失去聯繫後，他們愛上了「快速時代吃快速食物」的觀念。加工愈細、愈便利，就愈好。一九五〇年代的餐廳將罐頭濃湯擺在菜單的第一位。美國有一家連鎖餐廳「Tad's 30 Varieties of Meals」（塔德的三〇種餐點），在餐桌旁提供微波爐讓顧客烹煮冷凍食物。大約在同一時期，大型的速食連鎖店也開始毫不節制地大量生產，最後便出現了九九分錢的漢堡。

生活的腳步愈來愈快，忽然間人們也開始將速食的便利帶回家中。一九五四年，史雲生（Swanson）首度推出電視餐——一種經過高度加工的綜合套餐，菜色包括火雞肉配上玉米麵包佐料與濃汁、蕃薯與奶油青豆。見妻子不再按部就班烹飪而氣憤不已的丈夫，紛紛寫信到公司抗議，但人們仍難以抗拒便利的誘惑，繼續盲目地崇拜著。五年後，又有一項典型的省時食物——速食麵——在日本上市。現在各地食物的廣告總是比較著重於能在多短的時間內料理完畢，而少注重口味與營養價值。Uncle Ben's便以煩惱的婦女爲訴求對象，提出了著名的廣告口號：「長米上桌只要……五分鐘！」

一九七〇年代，微波爐征服廚房之後，烹飪便開始以秒計時。史雲生最初推出的電視餐，需要在傳統烤箱內烤二十五分鐘，突然間也變得像日晷一樣緩慢。這個由蛋糕粉調製成的市場，彷彿做壞了的舒芙蕾一樣地崩陷了，因爲沒有那麼多人願意犧牲三十分鐘來準備餐點。目前，就連最簡單的炒蛋和馬鈴薯泥也有速食形式。超市裡堆滿現成的餐點，種類幾乎一應俱全——咖哩、漢堡、烤肉、壽司、沙拉、燉肉、焗類、濃湯。爲了因應缺乏耐心的顧客的需求，Uncle Ben's 研發出了只需微波兩分鐘便能食用的米。

當然，對食物的態度並非到處相同。美國人花費在吃上面的時間比誰都少——一天大約一小時，也比較常買加工食物並獨自用餐。英國人與加拿大人也好不了多少。在南歐，儘管美食仍被視爲與生俱來的文化特色，但南歐人週一至週五卻也效法盎格魯撒克遜人倉卒用餐。至於自詡爲世界精緻飲食之都的巴黎，以「réstauration rapide」(速食)爲主的咖啡館逐漸搶走了近年來氣氛悠閒的小餐館的生意。在第九區的 Goûts et Saveurs(品味與美食)餐館，吃個午餐只需二十分鐘，你一坐下，侍者便立刻倒酒，食物也隨即從微波爐端上桌。而左岸的 Montalembert 飯店的廚師，則會用類似飛機上的餐盤準備一份三樣菜色的套餐。

速食共和國

將近兩百年前，法國傳奇性的美食家布希亞─薩瓦涵（Anthelme Brillat-Savarin）曾說：「人民飲食的方式能決定一個國家的命運。」這句警語用在今日眞是再適當不過。我們在匆忙之中，沒有讓自己吃好，也因而嚐到苦果。肥胖人口比率暴增，部分原因便是因爲我們狼吞虎嚥地吃下高糖、高脂肪的加工食物。我們都知道農作物尚未全熟便採摘下來，以冷凍櫃運過大半個地球之後再進行人工催熟，會有什麼結果：原本堅硬如石的酪梨隔夜就腐爛；蕃茄吃起來像生棉。爲了追求低成本與高利潤，工廠化的集約農場不僅傷害禽畜與環境，甚至傷害消費者。目前在西方各國，密集農業已經成爲水污染的主因。西洛瑟（Eric Schlosser）在他的暢銷書《速食共和國》（*Fast Food Nation*）中披露，美國量產的牛絞肉經常受到排泄物與病菌污染，因此每年有數千名美國人因爲食用漢堡而導致大腸桿菌中毒。無須深入探究便能發現，集約農場那些「便宜食物」帶給我們的經濟實惠其實只是假象。二〇〇三年，根據艾塞克斯（Essex）大學研究人員評估，英國納稅人爲了彌補集約農場對環境與人體所造成的危害，每年繳納的稅金高達二十三億英鎊。

我們當中有許多人都會忍受「只要與食物有關，愈快愈好」的觀念，既然時間有限，便希望飲食能夠配合。但也有許多人逐漸覺悟到「大口吃、大口吞、馬上走」的風氣的弊病，於是他們無論在農場上、廚房裡或餐桌上，都慢了下來。如今走在時代尖端的一項國際運動，名稱便已說明一切：慢食運動（Slow Food）。

慢食運動

羅馬是一個熱愛食物的國家的首都。在托斯卡尼，人們坐在綠蔭下的陽臺，一面眺望遍佈山丘的葡萄園，一面慢慢地享用午餐直到午後多時。當義大利各處餐館的時鐘敲響半夜鐘聲時，雙雙對對的情侶還對著火腿與手工餃子打情罵俏。然而近年來，義大利人卻經常以較快的速度與食物打交道。現在羅馬的年輕人較常抓了一個大麥克就跑，而鮮少花一個下午做新鮮麵食。速食店已經在全國各地如雨後春筍般冒出。但並非全然無望。「mangiare bene」（享受美食）的文化依然留存在義大利人心中，因此義大利成了慢食運動的最前線。

一切始於一九八六年，當時麥當勞在羅馬著名的西班牙臺階旁開了一家分店。對許多在地人而言，這家餐廳太過分了：野蠻人都已經攻進城門，非得採取行動不可。爲了壓制席捲全球的速食海嘯，權威性的美食作家佩屈尼便發起慢食運動。顧名思義，這個運動推行的一切都是麥當勞辦不到的：新鮮、在地、應時的食物；祖傳的食譜；永續農業；手工產品；悠閒地與親友用餐。慢食運動也倡導「美食環保」的觀念——好的飲食也能夠並應該與環保攜手並進。不過，這個運動的主要訴求仍在於享樂。

佩屈尼認爲要想驅除我們在生活上凡事求快的心魔，這是一個好的開始。該團體的宣言說道：「堅決捍衛悠閒的物質享樂是對抗全世界瘋狂的快速生活的唯一方法……我們應該以餐桌上的慢食作爲捍衛的起點。」

吃得好又能拯救地球

藉由非常現代化的訴求——吃得好又能拯救地球——慢食運動已經在五十多個國家吸引了七萬八千名會員。二〇〇一年，《紐約時代雜誌》稱呼此運動爲「撼動世界（或至少推了世界一下）的八十大構想」之一。而慢食運動以蝸牛作爲標誌則是再恰當不過，但這並不代表會員們懶惰或遲鈍。儘管是燠熱的七月天，在位於杜林南部小城布拉的總部裡，來自各國的年輕幹部正鬧哄哄地忙著回覆email、編撰新聞稿，以及爲即將寄給全世界會員的通訊內容做最後潤筆。慢食組織還以五種語言發行季刊，並出版許多備受推崇的美食與美酒指南。其他計畫還包括設立線上目錄，列出全球所有的手工食物。

全世界到處都有慢食運動者在籌辦餐宴、工作室與校園參觀等活動，大力鼓吹「吃東西慢慢來」的好處。教育是關鍵所在。二〇〇四年，慢食組織將於布拉附近的波連梭(Pollenzo) 開辦一間美食科學大學，讓學生學習食物科學之餘也能了解食物的歷史與感官特性。義大利的這個省區也已經受慢食運動影響，而將「食物研究」列入學校課程。二〇〇三年，佩屈尼更親自幫助德國政府進行一項全國性「味覺教育」計畫的準備工作。

在經濟方面，慢食組織找出了即將消失的手工食物，並幫助這些食品重新在全球市場上立足。該組織讓小規模生產者彼此聯繫，指導他們如何突破官僚作風，向全世界的大廚、商店與美食家推薦他們的食物。在義大利，有一三〇多種瀕臨絕跡的美味佳餚因而得救，其中包括阿普齊（Abruzzi）的扁豆、利古里亞（Liguria）的馬鈴薯、特雷維（Trevi）的黑芹菜、維蘇威（Vesuvius）的杏仁與阿本加（Albenga）的紫蘆筍。不久前，慢食團體拯救了一種在中古世紀托斯卡尼宮廷中十分受珍視的西那（Siena）野豬，目前在托斯卡尼某個大型農場上，便養有這類豬隻，並進而製成美味多汁的臘腸、義式香腸與火腿。類似的拯救行動也正在其他國家展開。例如慢食組織正在努力保住希臘的菲利奇（Firiki）蘋果與以橄欖油浸泡保存的傳統拉多提里（Ladotiri）乳酪。在法國，該組織致力保存的則是帕迪岡（Pardigone）李子與一種細緻的里弗羊奶乾酪（Brousse du Ruve）。

你或許已經猜到，慢食最盛行之處正是擁有豐富的烹飪傳統、速食文化較不穩固的歐洲。不過，該運動在大西洋彼岸也大有進展，目前有八千名美國會員，並持續增加中。在美國，慢食組織協助說服《時代》雜誌專文介紹加州北部一種口味鮮美卻不耐運送的水果：桑克雷斯（Sun Crest）桃子。文章一刊出，買者立刻蜂湧而至小果農處，希望品嚐他們種植的水果。慢食組織同時也成功地發起一項運動，讓消費者再度注意到美味卻稀有的火雞品種，如納拉干塞特（Narragansett）、澤西巴夫（Jersey Buff）、正銅（Standard Bronze）、波旁紅（Bourbon Red），在集約農場生產平淡無味的火雞之前，這些都是每個美國家庭感恩節晚餐的主角。

慢食組織並不害怕挑戰當權者。一九九九年，該組織發起簽名運動，超過五十萬人參與的結果終於誘使義大利政府修法，強制規定再小的食物製造商也必須和卡夫食品（Kraft Foods）等大企業遵守同樣嚴格的衛生標準，數以千計的傳統製造商也因而省去冗雜的文書作業。手工乳酪業者更在慢食組織的支持下，於二〇〇三年組成一個跨歐洲的聯盟，爭取利用生乳製造的權利。反對低溫殺菌的運動將很快橫跨至北美。

慢食組織秉持著環保的信念，反對食物的基因改造，並提倡有機農業。雖然沒有人斬釘截鐵地證實過有機食物比非有機食物更營養或更可口，但許多傳統農民使用的方法確實對環境造成損害，污染了地下水，消滅了其他植物，也使土壤枯竭。根據史密生候鳥中心（Smithsonian Migratory Bird Center）研究顯示，殺蟲劑每年直接或間接地殺害了至少六千七百萬隻美國鳥類。相反地，一個經營良好的有機農場可以利用輪耕來使土壤肥沃、控制蟲害——而且仍可能有豐富產量。

此外，慢食組織還為生物多樣性而努力。由於我們的匆忙而將食物製造業導向同質化：不管是火雞、蕃茄或百合，如果全都一樣，製造業者的輸入操作更快，因此農民便被迫專注於單一品系或品種。例如，在過去一百年當中，義大利生產的朝鮮薊的種類便從兩百減少為十來種左右。這除了減少我們的口味選擇，動物群的損失更破壞了脆弱的生態系統。我們放蛋的籃子不夠多，因此招致禍害。當你只擁有一種火雞的時候，只要一種病毒就能讓火雞絕種。

偏愛小規模、不匆忙與地區性的慢食組織，看似全球化資本主義的天敵，其實事實完全不是如此。本質上，慢食運動者並不反對全球化。從帕瑪乾酪到傳統醬油等許多手工產品都頗耐運輸，也需要推廣到海外市場。佩屈尼所謂「有益的全球化」是希望建立貿易協定，讓歐洲廚師能從智利的某個家庭農場進口奎藜，或是發展資訊科技，讓蘇格蘭高地的煙燻鮭魚專家能在日本找到顧客。

美味走廊

全球化的益處在慢食組織兩年一度的盛會「美味走廊」上一覽無遺。二〇〇二年「美味走廊」在杜林一家已停產的飛雅特工廠舉行，可說是集各類自助餐之大成，吸引了來自三十個國家共五百家手工食品業者。在五天當中，十三萬八千人冒著腰圍變粗的危險漫步在攤位間，呼吸美妙的香氣，品嚐精緻可口的乳酪、火腿、水果、香腸、葡萄酒、義大利麵食、麵包、芥末、醃漬物與巧克力。整個會場裡，衆人一邊吃一邊建立人脈。

日本的清酒商與波利維亞的駝馬養殖者商討網路交易。法國與義大利的麵包師傅彼此交換關於石磨麵粉的心得。

一眼望去，到處都有人正在將慢食法則轉換成利益。馬蒂妮（Susana Martinez）遠從阿根廷北部偏遠而貧瘠的胡韋省（Jujuy），來到這裡推銷雪蓮薯——安地斯山一種已逐漸遭人遺忘的古老塊根植物。雪蓮薯既甜又脆，口感類似豆薯或菱角，由於糖分不爲人體吸收，因此不會有發胖之虞。在慢食組織的協助下，馬蒂妮目前與另外四十個家庭在小規模的有機菜園裡，種植雪蓮薯專供出口。海外的訂單如雪片般飛來，有西班牙一些急於將這種塊根植物加入菜單中的高級餐廳，也有吵著要雪蓮薯醬的日本零售商。在二〇〇二年美味走廊會場上的馬蒂妮，相當樂觀。「當你看見會場上那許許多多製造業者，你就會發現要想生存並不一定要大或快。」她說：「即使小而慢還是可能成功。全世界已經有愈來愈多人想要吃一些以非工業化的自然方式生產的東西。」

這些人如此重視飲食，你或許以爲與會者的身材全都和帕華洛帝一樣。其實一點也不。他們的游泳圈的確比一般人多出許多墜肉，但感官上的飲食之樂對慢食運動者而言，絕對比能夠穿得下卡莉絲塔・佛拉赫特（Calista Flockhart）的洋裝更重要。因此在二〇〇〇二年會場上，也出現了專門設計大尺寸女性服裝的義大利設計師愛蓮娜・米羅（Elena Miró）的攤位。我來到這個攤位時，發傳單的是一位身材窈窕、名叫祖妮諾（Viviane Zunino）的模特兒，她嘲笑那些只靠礦泉水與青菜葉維生的伸展臺美女說：「節食只會讓人不快樂。人生中最快樂的事莫過於悠閒地與親友圍坐在餐桌旁，好好享受美食與美酒。」這時有個中年男子挺著個啤酒肚搖搖擺擺經過，呼吸粗重，一面用絲質手帕輕擦額頭，只見他直接衝向美國攤位拿起塗滿墨西哥辣椒醬的比斯吉。祖妮諾不禁笑著說：「不過也得有限度。」

小而慢不僅止美麗

全球食品工業的高速度、高營業額文化所引起的反彈，其實不只有慢食運動。經過半個世紀的突飛猛進之後，麥當勞於二〇〇二年首次出現虧損，並立刻開始關閉海外分店。全世界各地的消費者都漸漸避開那道「黃金拱門」，因爲大家發現那裡頭的食物既乏味又不健康。許多人覺得，要向味覺全球化的趨勢說不，杯葛「大麥克」也是一種方法。英國評論家漢夏（Philip Hensher）指出，現代人終於領悟到「無論是現在或未來，我們都無法仰賴以過氧化鈣口味的麵包夾著烤焦肉片的漢堡，來維續自己的文化」。由於美國人不滿漢堡導致肥胖，使得麥當勞即使在自己的地盤上也面臨打不完的訴訟官司。

全世界各地形形色色的食物製造業者都漸漸證明了小而慢不僅止美麗，而且有利可圖。例如十五年前，美國的啤酒市場由兩家大公司 Miller 與 Busch 獨占，如今卻有一千五百家啤酒廠依循慢食原則精釀啤酒。手工麵包師傅也東山再起，證明要做出好吃的麵包，時間是一項重要因素。他們使用的大多是石磨麵粉，而不是較便宜的工業代替品，後者由於經過高速轉輪，破壞了許多天然養分。此外，道地的麵包師傅也會延長麵團發酵的時間——十六小時至三天——以增添風味，如此一來不僅麵包口味更好也更營養。社區的麵包店還有助於居民彼此聯絡感情。二〇〇一年，有兩位前出版商在我倫敦住家附近的街角開了一家「燈塔」麵包店，除了製作美味的麵包之外，建立交流也是他們的目標之一。每到星期六上午，店門外總是大排長龍，也提供我們遇見鄰居閒話家常的絕佳機會。

現在連雞也能慢慢成長了。集約飼養的雞只有短短四週的生命，而且多半都關在擁擠的雞舍內，肉質及口感與豆腐相去不遠。不過已經有愈來愈多農民以緩慢的方式飼養家禽。英國漢普夏的萊克福農場（Leckford Estate）所飼養的雞隻，有三個月的時間能在農場裡跑來跑去，夜裡睡覺則有寬敞的房舍，因此雞肉結實、多汁，風味極佳。爲了找回已經受夠了軟趴趴的工業雞肉的顧客群，日本農民也重新改採較緩慢的步調，飼養口感較佳的雞種，例如秋田的比內雞與名古屋雞。

然而，最能顯示慢食福音傳播之廣的莫過於傳統農夫市場的復甦。在各個工業國家的大城小鎮裡，又開始見到農民直接販賣水果、蔬菜、乳酪與肉品，而且經常與大型超市只隔著幾條街。不僅消費者喜歡就近檢測食物，產品通常也比較好吃。農夫市場上賣的都是當季自然成熟的蔬果，運送行程很短，而且不是專供少數饕客享用的奢侈品。這裡的價格通常比超市低，因爲超市必須支出大筆的運輸、廣告、人員與倉儲費用。如今在美國的三千個農夫市場每年總收入超過十億美元，使得將近兩萬名農民得以完全脫離工業食物鏈。

許多人甚至更進一步自行開發農產品。在英國，到處都有都市年輕人排隊等著向地方政府租用小塊土地。在我家附近的「市民菜園」，常會看見都會雅痞駕著 BMW Roadster 敞篷跑車前來探視他們的芝麻菜、紅蘿蔔、小馬鈴薯與辣椒。

由於消費者愈來愈挑嘴，每家業者都不得不自行生產肉品。有心的餐館業者所使用的烹飪材料一定直接來自當地農場，製造業者販賣品質較好的速食與外帶食物，超市則騰出架位擺放乳酪、香腸與其他手工製品。

以上這些趨勢都有一個共通點，那就是風味。工業製造法破壞了不少食物的天然口味。就拿切達乾酪來說吧。工廠製造、在超市販賣的產品通常都是單調乏味、毫無新意，而以天然原料手工製作的切達乾酪，則是每一批都不盡相同，口味細緻千變萬化。

風味創造趨勢

倫敦科芬園的倪爾氏乳品店（Neal's Yard Dairy）向英國與愛爾蘭的小製造商進了大約八十種乳酪，走進店裡，在感官上眞是一大享受。櫃臺後方一整排的彩繪木架上，爽脆的 Wensleydale 和柔滑的 Stilton 挨擠在一起，散發出宜人的香氣。在這裡，風味稱王。倪爾氏出售多種手工切達乾酪，各具特色。Keen's 的製品質地柔軟，略似蠟，還帶點刺鼻的青草味。Montgomery 切達乾酪較乾、較硬，有芳香的堅果味。Lincolnshire Poacher 滑潤順口，微帶阿爾卑斯香甜氣息。還有一種來自摩爾島（Isle of Mull）的蘇格蘭切達，由於當地草不多，牛以啤酒廠的酒糟爲主要飼料，因此這裡的乾酪比其他地方所產白了許多，還有一種濃烈、近乎腐臭的味道。

說到享受，工廠乳酪實在差得遠了，多半難以讓味蕾有特殊感受。相反地，手工乳酪的氣味卻能在口中慢慢發酵，久久不散，如美酒一般撩人味覺。「經常會有顧客嚐了一種乳酪之後，覺得不怎麼樣，便又沿著櫃臺往前走。」倪爾氏乳品店的創辦人兼經理霍森（Randolph Hodgson）說：「可是幾秒鐘過後，他們會突然感受到乳酪的風味，然後轉過頭說：『哇，那味道眞好。』」

以緩慢的方式製作食物這才剛剛起步。即使在這個拚命追求便利的時代，已開始有許多人騰出較多的時間烹飪、用餐。大批人潮湧向泰國、托斯卡尼與其他熱帶地區，渡一個烹飪假期；義大利的年輕人紛紛報名上烹飪課，想學會媽媽沒有教給他們的料理訣竅；北美有多家公司安排員工一起煮大餐，作爲培養團隊精神的訓練；妮吉拉・羅森（Nigella Lawson）、傑米・奧立佛（Jamie Oliver）、艾默若・拉加斯（Emeril Lagasse）等名廚更靠著電視揚名，賣出數百萬本食譜。沒錯，迷他們的人有很多都只是動眼不動手，一邊嚼著速食麵或達美樂披薩，一邊看著這些明星在廚房裡變魔術。不過他們想要傳達的訊息——放慢腳步，享受烹飪與用餐——已逐漸深入人心，即便是地球上幾個最匆忙的角落也不例外。

在以速食爲特產的日本，也興起了慢食運動。現在有愈來愈多年輕人以烹飪爲樂，還有一些日本人多年來都在電視機前囫圇吞下晚餐，如今也逐漸重新體會到與他人共同進餐的樂趣。根據零售商的業績顯示，「卓袱臺」——可供多人圍聚在一起用餐的日式攜帶型小圓桌——的銷售量正逐漸上升。

慢食主義也開始攻佔匆匆忙忙的紐約。我造訪紐約時，這座城市呈現的依然是平時喧囂擾攘的面貌。儘管夏日炎炎，行人還是精力充沛、目標明確地穿梭在街道間。到了中午，似乎每個人都只是隨便吃個焙果三明治或沙拉果腹。我隨手買的第一本雜誌裡，有一篇文章提到目前商業午餐的平均用餐時間已經減爲三十六分鐘。但還是有一些紐約人開始在食物身上花較多時間。就以柯瓦塞維奇夫妻爲例吧。這對三十多歲的夫妻都在曼哈頓一家行銷公司上班，他們原本也和多數紐約市民一樣，與自家廚房只是泛泛之交。所謂開火幾乎只是熱熱湯或爲義大利麵淋上罐頭肉醬，晚餐也大多搬到電視機前面吃。後來有一次到南歐旅行之後，一切便改變了。

當我到布魯克林拜訪他們，我們一塊坐在餐桌前，小口啜飲加州夏多內葡萄酒，一面吃著塗有手工紅椒醬的有機羊乳乾酪。三十一歲、身材魁梧的先生馬修以虔誠而熱切的口吻，解釋自己如何變成緩慢的美食者：「在美國，我們以爲事情做得快就等於做得好。這種生活型態很容易讓人無法自拔。可是當你看到法國人或義大利人吃東西的樣子，看到他們給予食物那麼多時間與尊重，你就會明白美國人錯得多離譜。」

從歐洲回國之後，馬修和妻子凱瑟琳立刻開始過起慢食生活。現在，他們不再在廚房胡亂解決晚餐，也不再獨自守在電視前面隨便吃點什麼，而是盡量試著在家做飯，並一塊坐下來慢慢吃。即使工作時數長達十二小時，這對夫妻還是會用些許慢食色彩點綴一下。也許是超市買來的烤雞搭配自製沙拉，也可能只是擺上餐具享用外帶的披薩。

現在他們吃每樣東西都覺得更加美味，而食物也成爲多數週末的重頭戲。星期六早上他們就到大軍廣場（grand army plaza）逛農夫市場。凱瑟琳會用任何當季水果烤派餅——例如草莓、大黃、藍莓、桃子、蘋果——而馬修則自己做香蒜醬。自製的美味烤肉醬就得花掉他一整個星期天上午，不趕時間、不慌不忙地剁肉、磨蒜、攪拌、熬煮、品嚐、調味，除此之外就是等候。「當你不急著去做一件事，其中就會生出許多樂趣。」他說。

烹飪大可以不只是一件家事。它能將我們和我們吃的東西聯繫在一起——食物的來處、氣味的作用、對我們健康的影響。製作食物滿足其他人，也許能爲你帶來眞正的喜悅。當你有足夠的時間，當你的食譜裡沒有「匆促」二字，烹飪也是放鬆身心的妙方。它有一種近乎冥想的特質。利用食物放慢腳步後，馬修其他部分的生活似乎也不再那麼慌亂。「在紐約這種城市裡生活，你很容易變得緊張，最後做任何事情都匆匆忙忙。」他說：「烹飪能給你一小片緩慢綠洲，讓你重新腳踏實地，幫助你避免膚淺的都市生活。」

跟同伴一起擁有麵包

此外，馬修和凱瑟琳也感覺到慢食的方式增進了兩人之間的關係，這點並不令人意外。在烹飪與共同進餐當中，原本就存在著某種能爲人與人搭起橋樑的特色。英文字「companion」（同伴）是從拉丁文的「擁有麵包」等字演變而來，這絕非偶然。輕鬆愉快的一餐能消除現代生活迫不及待的匆促感，具有安撫甚至於教化的作用。英屬哥倫比亞的瓜瓦奇圖（Kwakiutl）人提出警告說，速食「可能因爲增加了世人的侵略性，而導致世界提前毀滅」。王爾德也以他特有的譏諷警語表達了類似的想法：「好好享用一餐之後，任何人都可以原諒，即使親戚也不例外。」

其實一同用餐的效果並不止於增進人際關係。在幾個國家的研究顯示，經常與家人一起進餐的小孩學業成績可能會比較好，也比較不會有壓力或是過早抽煙喝酒的問題。平時老是吃「電腦餐」的上班族，若能多花點時間正常用餐，對工作也會有幫助。在華盛頓某家會計師事務所上班的姚菲，原本總是對著電腦吃午餐，因爲她覺得不管工作忙不忙，只要外出吃飯，她的工作狂老闆一定會不高興。有一天下午，她一面吃沙拉，一面詳讀一份合約，卻突然發現同一個段落已經看了六遍，竟絲毫沒有印象。於是她當下便決定以後中午都要外出休息用餐，不管老闆怎麼說。現在，她多半都會花半個小時在附近的公園或咖啡館吃中飯，而且經常找一位朋友作伴。如今她減輕了五磅，並且變得更加活力充沛。「眞的很有趣，你以爲你在辦公桌前面的時間減少了，工作量也會減少，但事實上並非如此。」姚菲說：「我發現花點時間吃東西能讓我放輕鬆，到了下午反而能做更多事情。」最近老闆稱讚了姚菲在工作上的進步，但對於她改變午餐習慣的事卻隻字未提。

細嚼慢嚥對於保持曲線也有助益，因爲這樣胃才有足夠的時間將飽足的訊息傳達給大腦。巴黎比夏（Bichat）醫院的營養師賽洛（Patrick Serog）說道：「大腦需要十五分鐘才能接收到太飽的訊號，如果你吃得太快，收到訊號時已經太遲了。你很容易就會不知不覺吃得過多，因此最好要慢慢吃。」

只要問問減肥經驗豐富的人就會知道，改變飲食內容與習慣並不容易。但是要讓人杜絕速食還是可能的，尤其是年紀愈輕愈好。現在有一些英國學校會安排農場教學，讓學童知道他們的餐點從何而來。還有些學校鼓勵學童爲學校餐廳烹煮食物、設計菜單。如果可以選擇，多數孩童仍偏愛需要時間準備的道地食物勝於加工點心。

味覺教育

加拿大的克朗普（Jeff Crump）花費許多時間重新教育年輕人的味覺。雖然克朗普從小在家就吃熱狗，他如今卻是多倫多郊外農夫市場裡一家餐廳的主廚。今年三十一歲的他，還是安大略慢食分部的負責人。「其實只要稍具好奇心，任何人都能學會喜愛美好的食物，我就是活生生的例子。」他說。某個溫暖的九月傍晚，我隨同克朗普參與一個美食宣傳活動，地點就在多倫多市區一間烹飪學校。在大教室裡，十五名孩童——年齡從九歲到十六歲不等——圍坐在木桌旁的板凳上。他們大多來自中產階級的家庭，忙碌的父母親總是讓他們吃加工食物，外加一樣外帶餐點作爲補償。這些孩子來到這裡，是爲了比較「卡夫晚餐」與慢食組織所料理的同一道菜有何差異。

克朗普穿著一身白色的廚師制服，著手收集道地的起司通心粉的材料——牛奶、奶油、蛋、起司、通心粉、鹽與胡椒。另外，他也倒出一盒卡夫晚餐的內容物——乾通心粉和一包鮮橘色的調味粉。他一面講解加工食物所含的化學成分，他的助理一面在不鏽鋼火爐上燒水煮麵，然後將調味粉連同些許牛奶與奶油攪拌進去，很快便做好一份卡夫晚餐。完成之後，克朗普從烤箱中拿出稍早準備好的自製通心麵，味道測試隨即展開。孩子們安靜無聲地品嚐這兩道麵食，後來這群業餘評論家開始七嘴八舌地比較評分，現場立刻陷入一片混亂。十五人當中有十二人比較喜歡慢食烹調法。十三歲的莎拉說：「你單吃卡夫晚餐的時候，不會去想它應該是什麼味道，反正吃就是了。可是把它和眞正的起司通心粉擺在一起，你就會發現它全是化學味道。好噁心。克朗普煮的好吃多了，那才是起司該有的味道。」後來，克朗普將食譜分發下去。有幾個孩子希望能帶回家，取代卡夫晚餐。莎拉則信誓旦旦地說要自己來。「我一定要煮這個。」她說著便將食譜塞進背包。

吃得慢不一定吃得貴

部分評論家批評慢食組織是經濟富裕的美食主義者組成的俱樂部——當你看到會員們在「美味走廊」甘心為幾片松露花費數百美元，便不難理解這番批評其來有自。但因此便扣上精英主義的帽子其實並不中肯。精緻飲食只不過是慢食運動的一環，其他還有不少適用於經濟拮据者的主張。

畢竟，吃得慢不一定就是吃得貴。農夫市場上的蔬果通常都比較便宜。由於需求量增加，加上效率提升，有機食物的價格已經開始下降。在英國多處貧窮地區，已紛紛冒出合作社，以低廉的價格出售當地農場的產品，並提供烹調訣竅。不外食也的確是省錢的好方法。從無到有所準備的餐點通常會比同樣的現成品來得便宜，而且更美味。例如速食炒蛋就比生鮮雞蛋貴上二十倍。

但話又說回來，有許多「慢食」在本質上就比大量生產的同類成品要貴。舉例來說，用餵食牧草的牛隻所產的有機牛肉製作漢堡，絕不可能和漢堡王的華堡一樣便宜，而放山雞也一定比集約農場的雞肉價格更高。我們要想吃得好，就得付出對等的代價，但問題是世人已經漸漸習慣便宜的食物。半個世紀前，一般歐洲家庭必須花費一半的收入才能餵飽全家人，如今在英國與北美，卻只需十五%或更低。義大利人收入的十%花在手機費上，飲食卻只佔十二%。不過情況已經開始有了變化，狂牛症出現之後的民調顯示，民衆十分願意在食物上花更多的時間與金錢。

由於對慢速烹飪愈來愈有興趣，又急於測試佩屈尼的理論，我便開始尋求完美的慢食餐飲，也因此來到了波吉歐－瓦雷奇（Borgio-Varezzi）——位於熱那亞海岸邊上一座熱鬧的渡假小鎮。時值仲夏，通往海灘的街道上擠滿了渡假人潮，只見一個個義大利人趿著涼鞋在酒吧和冰淇淋店進進出出。我穿過人群，爬上山坡，往舊城區狹窄的舖石路走去。我的目的地是慢食組織手冊中特別推薦的一間家庭式餐館 Da Casetta。

我在他們開始營業的時間（晚上八點）先去確認稍晚的訂位，這時候當晚的第一批客人——一對年輕情侶——已經等在門口。餐館的家庭成員之一辛琪亞摩雷利客氣地請他們離開，她說：「對不起，我們還在準備前菜。你們要不要先去喝點東西，或是在外面走走，等我們準備好了再來。」那對情侶二話不說便往舊區街道走去，臉上帶著寬容的微笑似乎在說：我們知道這一餐值得等待。

沒有人順道進來隨便吃一下

一個半小時後，我抱著滿心期待，甚至帶著更大的胃口，回來用餐。前菜已經準備好了，各式各樣的菜色擺在餐廳靠牆的桌上，有如一列艦隊。辛琪亞帶我到鋪著木板的露天座，從這裡看到的景象和某義大利旅遊手冊中介紹的一模一樣。Da Casetta 座落在一個樹木環繞的斜坡廣場底端，旁邊有一棟十八世紀的教堂高聳於一大片紅瓦之上，每半個小時便響起慵懶的鐘聲。在鋪著圓石的廣場上，穿白衣的修女三五成群、竊竊私語，像一群女學生。暗處有情侶摟在一起，頭頂上的陽臺則不時傳來孩童嬉笑聲。

和我一起用餐的同伴晚了二十五分鐘才晃進餐廳。馬紐尼是個二十七歲的布料商，也是慢食運動的成員。都將近十點了，他仍不忙著點餐。

他不慌不忙地坐到我對面，點了煙，便開始說起他最近到西西里渡假的事。他提到當地漁民捕捉鮪魚時，只在船與船之間架設一張漁網，他還描述人們在岸邊吃魚的方法

——將魚切成薄片生吃、淋上檸檬汁燒烤，或將活跳跳的魚丟入大鍋湯中。

他的形容讓人垂涎三尺，因此見到侍者前來，我們倆都很高興。侍者名叫皮耶保羅．摩雷利，長得有點像網球名將麥肯諾，只不過前額沒有那麼禿。皮耶保羅向我們解釋Da Casetta如何落實慢食精神：菜單上的花與蔬果大多來自他們自家的菜園，這裡供應的全都是傳統的利古里亞菜，以手工與熱情慢慢烹調而成。沒有人會順道進來隨便吃一下。「這點和速食恰恰相反。」皮耶保羅說。他說話的時候，我發現剛才來得太早的那對男女只和我們隔著幾張桌子。男子正把一樣看似蝦子的東西往女子嘴裡送，她慢慢地吃著，帶著挑逗的神情，然後將手貼到男人的臉頰上。

點餐之後，我們仔細地研究酒單。皮耶保羅又回來幫我們拿主意。他一面低聲念著我們點的菜名，一面望著夜空撫摩下巴，尋找靈感。過了一段彷彿漫無止境的時間之後，他終於作出決定。「有一種酒搭配你們的餐再適合不過了——是本地產的利古里亞白酒。」他說：「那是pigato（葡萄種），加了一點vermentino（葡萄種）。釀酒的人我認識。」

酒很快就上來了，喝起來清淡、爽口，口味絕佳。接著是一盤賞心悅目的什錦冷盤：一塊小披薩，一長條蘆筍派，釀有蛋、義式肉腸、帕瑪乾酪、馬鈴薯與西洋芹的胡瓜。

另外擺在盤子正中央的小小一團則是精華所在：醋炒小洋蔥（cipolline）。這眞是人間美味，口感紮實、柔滑順口、酸甜濃郁。「這是我父親今天早上剛摘的。」皮耶保羅往下一桌去之前說道。

儘管飢腸轆轆，我們還是慢慢地吃，細細品嘗每一口。四下裡，美酒汩汩流動，香氣飄蕩，笑聲在涼爽的夜風中輕舞著。十來桌客人的談話聲交融成一片如交響樂般的輕柔低吟。

馬紐尼有著義大利人對食物的熱愛，非常喜歡烹飪，最拿手的是鮮蝦寬麵。我們一面吃，他一面按部就班地解說烹調過程。細節絕對不能忽略。「蕃茄得用西西里的小蕃茄，」他說：「只能對切，不能切得太細。」他的另一道私房菜是蛤蜊麵。「你一定一定要過濾煮蛤蜊的湯汁，把小硬塊都濾掉。」他一面揮動著手，好像眞的拿著一個漏杓。之後我們邊用硬皮手工麵包將前菜的盤底刮乾淨，邊討論著義大利燴飯食譜。

接著該上第一道菜了。我點的是牛肝菌 testaroli 麵。Testaroli 是一種扁平麵，麵團煮第一次之後冷卻、切成條狀，再煮一次。不知道有什麼訣竅，吃起來既滑膩又有嚼勁。牛肝菌是當地所產，帶有泥土氣息但很清淡，這樣的組合眞是絕配。馬紐尼選的是另一道利古里亞特有菜色：lumache alla verezzina——堅果醬蝸牛。同樣令人心折。

我們的話題漸漸脫離了食物。馬紐尼向我解釋北部義大利人的觀念如何比南部人更先進。「我去那不勒斯的時候，當地人一看到我就知道我是北部來的。」他說。我們又談到義大利人的另一個嗜好：足球。馬紐尼認爲他最喜歡的Juventus隊雖然賣掉了中場靈魂席丹——一般人眼中的最佳球員——還是有機會拿下歐洲冠軍。說著說著，話題轉移到個人身上。馬紐尼透露，他也和許多義大利男人一樣，至今仍與媽媽同住。「義大利家庭的生活非常舒服——有人幫你煮飯、洗衣。」他笑著說：「不過我已經訂婚，所以終究會搬去和未婚妻同住。」

對自己點的蝸牛十分滿意的馬紐尼這時開始歌頌慢食，他尤其喜歡和會員們聚餐，一吃就是好幾個小時。馬紐尼的結論是慢食在現代社會已經逐漸風行：「麥當勞不是眞正的食物，那只能塡飽你的肚子卻無法滿足你。我想人們已經厭倦吃那些沒有味道、沒有歷史、與土地沒有關聯的東西。大家都想吃得好一點。」

就在這個時候，皮耶保羅像是接收到信號似的，端著主菜cappon magro出現在我身邊，如果眞有所謂的慢食佳餚，則非此莫屬。這道菜有好幾層，混合了海鮮、salsa verde

（一種蕃茄醬汁）、馬鈴薯與煙燻鮪魚。去骨、去殼、清洗、剁碎，程序繁瑣，需得四個人花費三小時才能做出十幾道道地的 cappon magro。然而每一分鐘都有其價值：這道菜可說是一件 opera d'arte（藝術品），最完美的海陸結合。

一餐美食足以讓人原諒一切

我們正吃到一半，馬紐尼卻忽然語出驚人地說：「我得告訴你一件事。」他的神情有些靦腆：「有時候我也上麥當勞。」錯愕的我一時語塞。鄰桌有個人本來正津津有味地吃著他的烤兔肉，也猛然抬起頭來，就好像馬紐尼放了個屁。

「你說什麼？」我終於開口說：「這麼做不是離經叛道嗎？不就像兔子吃火腿三明治一樣？」

酒精發揮了鬆弛作用，加上本身率直的個性，馬紐尼鼓起勇氣試著解釋自己的變節行為。他說：「在義大利想盡速解決三餐，其實選擇少之又少：要嘛就上館子，不然就是到髒兮兮的小吃店吃一片披薩或一份三明治。也許麥當勞有一大堆缺點，但至少那裡乾淨。」

他停下來啜一口酒。吃烤兔肉的人正專注地聽著，眉毛緊緊皺在一起，活像個卡通人物。

「到麥當勞這種地方吃東西，我一直覺得有點內疚。」馬紐尼說：「但我想其他的慢食會員也會去，只不過他們沒說出來罷了。」

我們帶著這個令人羞愧的小祕密，將 cappon magro 吃得精光。再來該上甜點了。皮耶保羅呢？皮耶保羅？喏，他來了，剛剛收拾好鄰桌底下的玻璃杯碎片。他迅速地走過來幫我們敲定甜點。幾分鐘後，點心來了——巧克力蛋糕淋上少許奶油起司和蛋黃乳泡；蘋果冰沙；巴伐利亞鮮奶油草莓。這一切真是美妙極了，尤其再搭配當地香甜滑順並帶有楓葉糖漿色澤的 Malvasia 葡萄酒，更是無與倫比。「太好吃了。」馬紐尼心滿意足地說。

王爾德說得沒錯，一餐美食足以讓人原諒一切。當我們逐漸陷入餐後的極樂之境，慾望獲得滿足，世事無不美好，馬紐尼的麥當勞告白似乎已成久遠的回憶。我們在舒坦靜默的氣氛中，喝著濃烈的 espresso。皮耶保羅拎來一瓶 grappa 和兩個小酒杯。繼續又喝又聊了一會之後，Da Casetta 內就只剩我們二人。摩雷利家族的其他成員此時也都從廚房走到陽臺上來透透氣。這時候有一種醺然豁達的感覺。

我看了看錶。凌晨一點二十五分！我在餐桌前坐了四個小時，卻未曾有一刻感到無聊或焦躁。時間在不知不覺中流逝，有如威尼斯河道中的流水。或許正因爲如此，這一餐成了我這生中最難忘的經驗。在一年多後的今天，我寫到這裡，依然清楚地記得 cipolline 苦中帶甜的氣味，cappon magro 那細緻的海洋風味，以及入夜後廣場上樹葉的沙沙聲。

慢食的前景

在 Da Casetta 用餐後的滿足感，很容易讓人覺得慢食的未來充滿希望。但這個運動其實面臨著幾個重大阻礙。第一，現今全球的食物產業有偏向高利潤、低成本的趨勢——而食物製造商、遠距運輸公司、速食龍頭、廣告公司、超市與集約農場也都樂於維持這樣的趨勢。在大多數國家，補助系統、法規與各個供應鏈，無一不是慢食生產者的阻力。

力求保持現狀者的說法是，世界人口預計將於二〇五〇年達到一百億的高峰，屆時集約式農業將是餵飽所有人的唯一出路。這似乎很合理：我們必須加速生產，以避免有人餓肚子。然而目前的農產方式顯然無法永續經營，集約式農業會對環境造成損害。目前有部分專家認爲供給全世界糧食的最佳方式，便是回歸到小規模的混合農業，才能在農畜之間找到環保的平衡點，而且類似的想法已經開始擴及歐盟層面。二〇〇三年，歐盟終於達成共同農業政策的改革協議，依據農產品的品質而非數量，以及對環境的保護程度來獎勵農民。

說到改變自身的行爲，慢食團體是很實際的。他們認知到不可能每一餐都是四小時的手工美食饗宴，現代社會根本不可能容許。我們生活在快速的時代，通常除了快速進食之外別無選擇。有時候我們也許只想要或只需要隨便吃個三明治。儘管如此，我們還是可以將 Da Casetta 菜單中一部分的慢食概念帶進自家廚房。第一步是材料。當地、當季的農產品。有良知的業者所生產製造的肉類、乳酪與麵包。也許還可以在庭院或陽臺上種點薄荷、西洋芹與百里香等香草植物。

第二步是多多自己動手烹飪。辛苦工作一整天之後，我們第一個念頭就是把冷凍速食包丟進微波爐，或是叫個外送。不過有時候第一個念頭也不過就是個念頭，可以加以克服。我們還是能找到時間與精力，稍微切剁煎煮一下。依我個人經驗，只要深吸一口氣然後走進廚房，便足以克服「我根本沒勁煮飯」的心理障礙。而一旦進了廚房，便不只有美食方面的收穫。當搗碎的大蒜滑進平底鍋的熱油中，開始嗞嗞作響，我隨即感覺到一天的壓力都隨之化解。

煮一頓飯不一定要很久、很累。任何人都可以在披薩外送到府的時間內，親手張羅出一餐來。我指的當然不是cappon magro。一頓「慢食餐」其實可以又快又簡單。「美食走廊」某書攤上有一本食譜雜誌，專門教人如何在短短十五分鐘內煮出蕃茄義大利麵、蘑菇濃湯等等菜色。還有一個方法可以避免時間過於緊迫，那就是有空的時候多煮一點，然後將多餘的冷凍起來。那麼你就能解凍自製的菜，而無須加熱速食餐或叫外賣了。而且由於家裡的冰箱裝滿自己做的墨西哥與印度料理，我們自然會少買一點外帶食物——順便省錢。

的確，緩慢進食能使我們每個人都獲益。當你匆忙地狼吞虎嚥，或是在電視或電腦前用餐，便難以好好享受食物。這時的食物成了燃料。你只有放慢下來，集中精神，才比較能夠眞正地品嘗食物。像我就覺得，坐在餐桌前用餐比起把盤子端在大腿上，一面看著晚間新聞或「六人行」影集，感覺要愉快多了。

現代人幾乎都不可能有時間、金錢、精力或自制力，做一個模範的慢食者。在步調快速的二十一世紀，生活便是如此。然而，現在有愈來愈多人開始學著放慢腳步。慢食運動已經引起大衆的注意並向全球擴散，因爲它觸及了人類的基本慾望。我們每個人都想吃得好，而吃得好就會更健康更快樂。布希亞－薩瓦涵在一八二五年完成的名著《味覺生理》（*Phisiologie du Goût*）中，有最精闢的見解：「無論哪個年代或社會，每個地方、每塊土地上的每一個人，都能享受飲食之樂。這也許是我們諸多樂趣之一，卻能持續最久，並爲較長壽的人帶來安慰。」

4 慢市：全新的都市生活

生命之潮不停迅速奔流
流過城市也許更加輕快
卻總是不及鄉間河道風景
如此平和，一半清澈

——一七八二年，考柏（William Cowper）

我與佩屈尼會面後，徒步繞了布拉一周。儘管在平常上班日，這個慢食組織總部所在的城市，似乎仍是逃避一切俗事的最佳地點。當地人會在路邊咖啡座坐上大半天，或是與友人閒聊或是看著人來人往。樹蔭環繞的廣場上，飄散著丁香花與薰衣草的香味，石凳上有老人如雕像般呆坐著。每個人都有時間親切地道聲「buon giorno」（你好）。

緩慢城市

這也難怪。依據當地法令規定，「la dolce vita」（享樂的人生）如今已經是此地居民的生活準則。由於受到慢食運動的啓發，布拉與另外三個義大利城鎮於一九九九年共同宣誓，要成爲這個高速狂亂的現代世界的世外桃源。鎮民將每個生活層面都調整到與佩屈尼的原則一致——享樂重於獲利、個人重於公司、緩慢重於速度。這個運動名爲「Citta Slow」（緩慢城市），目前在義大利國內外已有超過三十個會員城鎮。

對於生活在混沌又令人喘不過氣來的倫敦居民而言，「緩慢」與「城市」並列，馬上便能吸引他們。爲了證明這個運動並非純屬空想或某種市場策略，我親自訪問了布拉的副鎮長——也是「Citta Slow」的推手西碧爾（Bruna Sibille）。我們在鎮公所——一棟十四世紀的美麗宮殿——二樓的會議廳見面。西碧爾站在窗前欣賞風景，窗外一片赤褐色的屋瓦海綿延不絕，當中偶爾聳起一座教堂塔樓。當她看見樓下的廣場上，有個年輕人騎著腳踏車緩緩經過，嘴邊露出了滿意的微笑。

「起初緩慢運動被認爲是爲少數愛好美食者所設計的觀念，可是現在已經變成廣泛的文化議題，讓人了解以較人性化、較平和的方式做事有什麼好處。」她對我說：「要違逆潮流並不容易，但我們認爲緩慢哲學是治理城市最好的方法。」

「Citta Slow」宣言中有五十五點聲明，其中包括減少噪音與交通流量；增加綠地與徒步區；支援當地的農民，以及販售當地農產品的商店、市場與餐廳；獎勵環保科技；保護當地美學與美食傳統；培養熱情好客與敦親睦鄰的精神。經過這番改革後，希望成效能超越各部分相加的總和，並且能徹底改變人們對都市生活的想法。西碧爾充滿熱誠地談論著「創造新氣象，以一種嶄新的方式看待生命」。

換句話說，「緩慢城市」不僅僅是將快速城市的步調放慢而已，而是創造一個環境，讓人可以抗拒倚賴時鐘與凡事求快的壓力。布拉鎮一名年輕的財務顧問康特賈科摩，一提起緩慢城市的生活便興奮不已。「最主要的是你不會滿腦子都被時間佔據，反而會好好地享受每一刻。」他說：「在緩慢城市裡，你有權利放鬆、思考、思索有關生命的大問題。在這裡你不會被困在現代世界的速度風暴中，不會只是上車、上班然後趕著回家，你可以有時間慢慢走路，和街上行人招呼閒談。就好像活在童話世界。」

雖然緩慢城市運動的成員都渴望過得緩和、舒服一點，但他們卻不是反科技的盧德份子。所謂緩慢並非意味著遲鈍、退步或反科技。沒錯，這項運動確實是以保存傳統建築、手工藝與廚藝爲目標，但卻也讚頌著現代世界的精華。一個緩慢城市會問：這麼做會增進我們的生活品質嗎？如果會的話，這座城市便會採納。而這也包括最先進的科技在內。在奧維托（Orvieto）——高懸在溫布利亞省某個山頂上的一座緩慢城市——有電車安靜地駛過中古街道。「Citta Slow」組織也利用時髦的網頁來推廣「buon vivere」（好好生活）的哲學。「有一點要特別澄清：並非要停止一切、撥慢時鐘才能成爲緩慢城市。」西碧爾解釋道：「我們並不想活在博物館或將一切速食妖魔化，我們只想在現代與傳統間取得平衡，提升生活品質。」

布拉慢慢地但確實地一步步實現那五十五點宣誓：禁止車輛進入舊城區某些街道，禁止連鎖超市與炫亮的霓虹燈出現。家庭式的小型產業——其中包括販售手工織布與肉品特產的商店——能取得最好的店面。鎮公所會補助建築物翻新，並採用能展現當地特色的金黃色灰泥與紅瓦頂。現在醫院與學校餐廳供應的都是以當地有機蔬果烹調的傳統菜色，而不是外地供應商加工製造的餐點與農產品。爲了避免工作過度，布拉的每家小型食品店都會配合義大利傳統，於星期四與星期天休業。

當地人對於這樣的轉變似乎都很滿意。他們喜歡新的樹木與板凳、行人徒步區與日益蓬勃的食品市場。就連年輕人的反應也很好。布拉的撞球房爲了搭上「緩慢」的列車而調低了流行音樂的音量。態度親切的老闆貝諾利告訴我，有些年輕顧客的視野已經開始超越由MTV帶頭的那種活力充沛、一成不變的生活型態。「他們開始了解到，平靜、緩慢的方式也可以很有趣。」他說：「他們不再到樂聲震天的酒吧猛灌可樂，反而能盡情享受在低低的音樂聲中啜飲本地葡萄酒的樂趣。」

加入「Citta Slow」可以幫助會員城鎮降低失業率，重新振興逐漸疲軟的經濟。在布拉，除了販賣手工香腸與巧克力的新興商店，還有以白色松露與Dolcetto紅酒等當地美食爲號召的美食節，吸引了數以萬計的遊客。每年九月，鎮上更擠滿歐洲各國乳酪特產製造商的攤位。由於外地人與在地人對高品質食物的需求急速上升，五十八歲的柏蓋提不得不擴充他的熟食店面。目前他所賣的當地食物琳瑯滿目，有烘焙辣椒、松露、新鮮麵食、辣椒橄欖油等等。二〇〇一年，他將地下室改建爲儲藏土產葡萄酒的酒窖。「緩慢運動幫助我轉變了生意型態。」他對我說：「全球化的趨勢讓我們總是一把就抓起最便宜、最快速的東西，但現在有愈來愈多人認爲應該要慢下來、思考一下，並享受手工而不是機器製造的事物。」

「Citta Slow」甚至暗中改變了人口版圖。在義大利也和其他國家一樣，長期以來，年輕人不斷地逃離鄉村與小城鎮奔往五光十色的大都市。如今高速度、高壓力的都市生活魅力漸減，便有許多人重返家園，尋求較和緩的生活步調。有一些都市人也加入這股潮流。我在布拉一家冰淇淋店內，巧遇一位年輕的ＩＴ工程師古薩帝。他來自杜林，布拉北方三〇哩處一個市聲鼎沸的工業城。他想在舊城區找一間公寓。「在杜林，什麼事都是趕、趕、趕，我已經厭倦了。」他吃著薄荷巧克力冰淇淋一面說道：「緩慢似乎才是眞正的選擇。」古薩帝打算一週當中大部分時間留在布拉工作，設計網頁與商業軟體，需要與人面對面溝通時再搭車前往杜林。他的主要客戶已經同意了。

然而，目前只是「Citta Slow」的開端，在每個會員城鎮裡，減速仍有極大的進步空間。該運動可能面臨的阻礙，有一部分已經出現。在布拉，即使生活已經變得比較愉快，許多當地人卻仍覺得工作量太大。亞莉珊卓拉在舊城區開了一家皮貨店。她覺得布拉加入「緩慢城市」運動後，她的壓力還是一樣大。「政治人物說這個要放慢、那個要放慢，當然很好，可是在現實生活中卻沒有那麼簡單。」她嘲弄道：「我如果想過好一點的生活，就得非常、非常努力工作。」在某種程度上，「Citta Slow」成了它自身的犧牲者：緩慢生活的承諾吸引了遊客與外地人，也因而帶來速度、噪音與忙亂。

緩慢城市運動者同時也發現，有些改革比較容易推動。例如義大利人習慣大聲講手機，這經常使抑制噪音污染的努力受挫。在布拉，雖然雇了更多交通警察，卻無法消弭國人的另一項狂熱：開快車。在其他緩慢城市也一樣，汽機車在開放車輛行駛的道路上依舊呼嘯而過。「我擔心這裡的人會繼續這種駕駛惡習，就跟義大利其他地方一樣。」西碧爾嘆道：「在交通這個生活層面上，義大利人很難慢得下來。」

但至少至少，「Citta Slow」已經開啓了全世界對抗速度文化的另一戰線。截至二〇〇三年，共有二十八個義大利城鎮被正式稱爲「緩慢城市」，另外還有二十六個正努力取得認證。歐洲其他國家甚至澳洲與日本都紛紛開始詢問。挪威兩個城鎮（索肯達〔Sokndal〕與勒凡格〔Levanger〕）與英國一個城鎮（勒德羅〔Ludlow〕）已經加入此運動，德國有兩個城鎮（赫斯布魯克〔Hersbruck〕與格曼德．史瓦森布魯克〔Geimende Schwarzenbruck〕）也即將跟進。我們會談結束前，西碧爾興致勃勃地說：「這是個長期計畫，但我們正一點一滴地讓布拉成爲一個更適合人居的地方。等我們大功告成，每個人都會嚮往緩慢城市的生活。」

這麼說也許誇張了些，畢竟不是每個人都能適應緩慢城市，例如極力強調保存地方美食這一點，在布拉絕對比在巴辛托克（Basingstoke）或水牛城（Buffalo）更來得有意義。此外，參與此運動的城鎮居民不能多於五萬人。許多緩慢城市會員的理想都市型態，呈現著中古世紀末期的樣貌，狹窄的舖石街道縱橫交錯，人們一塊在迷人的廣場上購物、社交、飲食。換句話說，也就是我們多數人將來只能在渡假時才見得到的地方。然而，這個運動的核心觀念——我們必須削減一些都市生活的速度與壓力——正慢慢在全球散佈開來。

「地獄是一座像極了倫敦的城市。」

我在第一章曾經將都市形容爲巨大的粒子加速器。這個比喻到了今天更是再適當不過。都市生活的一切——噪音、車輛、人群、消費主義——在在促使我們加快腳步，而不是放鬆、思考或與人接觸。城市讓我們隨時處於動態，隨時緊繃著，不停地尋求下一個刺激。但即使都市令人心神激盪，卻也使得人際關係疏遠。不久前一項民調顯示，有二十五％的英國人連鄰居的姓名都不知道。其實對都市生活的幻想破滅，早已不是新鮮事。一八一九年，雪萊便說過：「地獄是一座像極了倫敦的城市。」幾十年後，狄更斯更以寫實手法描繪工業化英國許多快速成長、步調急促的城市中，最醜陋的一面。一九一五年，美國小說家也是普利茲獎得主塔金頓（Booth Tarkington）也怪罪都市化的結果，使他的家鄉印第安那波利斯變成一個毫無耐性的人間地獄：「才不過三十年前左右，這裡沒有利慾薰心的巨人……沒有污穢、呻吟的都市……我們有時間好好生活。」

一整個十九世紀，人們想盡辦法要逃脫城鎮的暴行。有些人（如美國的先驗主義者）搬到鄉間的偏遠角落，有些人則偶爾參加重返大自然之旅，寥勝於無。但城市是不可能消失的，因此城市運動者便努力讓都市更適合人居，種種改革至今仍引發回響。其中一項措施是建造公園，利用大自然的緩慢步調令人放鬆身心。歐姆史泰（Frederick Olmstead）於一八五八年開始爲紐約市設計的中央公園，後來成爲北美城市的典範。自二十世紀初起，都市計畫者都試圖在城市與鄉村之間找到折衷的辦法。在英國，霍華德（Ebenezer Howard）發起了「田園城市」（Garden City）運動，推行自給自足的小城鎮計畫，鎮上有中央公園，四周則有農地與森林圍繞。在這個概念流傳到大西洋對岸之前，英國打造了兩座田園城市：一九〇三年的列契沃斯（Letchworth）與一九二〇年的威林（Welwyn）。在汽車已經稱霸都市叢林的美國，建築師則設計出了紐澤西州的雷柏恩（Radburn），此地居民完全無須開車。

當噪音隆隆的二十世紀往前推進之際，都市計畫者也有一連串的實驗設計，其中最主要的是結合都市生活的活力與鄉村較緩慢的感覺的近郊。但他們的改革大致上還是失敗了，都市生活感覺上愈來愈快，壓力愈來愈大。人們逃離的渴望日益強烈，這也是爲什麼彼得．梅爾（Peter Mayle）敘述他舉家從英國搬到法國一個如詩如畫的鄉間的著作《山居歲月》（*A Year in Provence*），在一九九一年出版之後創下全球銷售數百萬本的佳績，並引起眾人爭相仿效。今天，關於都市人到安達盧西亞養雞、到薩丁尼亞做陶藝，或是到蘇格蘭高地開旅館的書籍與文獻，簡直到了氾濫的地步。北美各大城市外圍鄉野的週末渡假小屋，生意十分活絡。就連長久以來將鄉間鄙視爲反現代化的日本人，也逐漸發現騎單車穿梭田埂與登山活動有其迷人之處。一度因爲生活步調緩慢而遭嘲笑的琉球地區，如今卻吸引了許多想要離開快車道的都市人。

田園城市，村落氛圍

對於鄉村寧靜生活的狂熱，在早期便已都市化的英國很可能最爲明顯，現在每個禮拜都有一千五百人從城市逃往鄉間。英國房地產業者爲了讓都市區更吸引人，便以「村落氛圍」（Village atmosphere）做宣傳，代表這裡有小商店、綠地與街道徒步區。在倫敦，以田園城市作爲規劃依據的郊區總能賣出高價。英國報紙滿滿都是市區居民自嘲的文章，說他們只能安頓在自家那一小塊「世外桃源」。我有一些三十多歲的友人已經毅然決然放棄都會，換上沾滿泥巴的雨靴。雖然大多數人還是通勤到市區上班，但其他時間便過著——或努力過著——貝茲（H.E. Bates）小說中人物的生活。

當然，不可能所有人都搬離倫敦、東京，或多倫多。而且如果哪天非搬不可，恐怕大部分的人還不太願意呢。我們喜歡大都市的喧囂，並且將退隱鄉間視爲老年的一個選擇。在某種程度上，我們是同意約翰生（Samuel Johnson）於一七七七年所說的：「……當一個人厭倦倫敦，就等於厭倦了人生；因爲人生所可能展現的一切都在倫敦。」只不過多數人仍希望都市生活能夠不那麼忙亂，因此「Citta Slow」才能引起關注，相關的觀念也才能風行全世界。

東京是速度的殿堂，是一個充斥著水泥摩天大樓、霓虹燈招牌與速食店的嘈雜叢林。午餐時間，上班族站在麵攤前，囫圇吞下一大碗湯麵。日本人甚至以一句諺語來概括他們對速度的熱愛：「吃得快、排得快，是一種藝術。」但現在有許多日本人也漸漸接受緩慢的觀念，認爲都市設計方面，慢一點可能會好一點。主流建築師設計的建築，很明顯地開始幫助人放慢速度。目前正在東京市中心慢慢成形，預計於二〇〇六年完工的汐留區，目的就是爲了打造一個「緩慢生活」的綠洲。休閒設施——戲院、博物館與餐廳——將安插於嶄新的辦公大樓當中。爲了鼓勵購物者放慢腳步消磨時光，汐留購物中心內有寬大的走廊，兩旁還有精心設計的座椅誘使人來歇歇腿。

緩慢原則也同樣影響到住宅市場。日本房地產開發業者多半是大量地推出毫無特色的二流住家，因爲迅速上市才是最重要的。但是近年來，買家已經開始排斥這種匆匆忙忙買現成屋的做法。現在有許多人會同組合作住宅，全權掌控規劃、設計與興建過程。雖然實地參與的方式可能讓一般新屋完工時間延長六個月，現在卻有較多日本人可以接受，並認爲想要有好的住家就得有耐心。由於申請加入所謂「緩慢住家」的合作式住宅的人數突然暴增，如今就連主流的開發業者也開始爲顧客提供更多選擇。

西藤哲郎與妻子優子便是緩慢建築趨勢的一對活廣告。二〇〇二年春天，這對年輕的編輯夫婦搬進了位於東京市中心高級的文京區，一棟漂亮的四層樓合作公寓。一般建築約需一年完工，但這棟面向神社的住宅卻花了十六個月。每間公寓都有自己獨特的格局與風格，有傳統的日本風，也有科幻的未來主義。西藤家採用開放空間的極簡主義——全白牆面、鋼鐵欄杆與聚光燈。他們夫妻倆有充分的時間去注意一切細節，包括廚櫃、樓梯與廚房的位置。他們還全面鋪設時髦的硬木地板，陽臺上甚至有個小花園。最後這項可就讓大多數的日本公寓相形失色了。

「絕對有等待的價值。」哲郎捧著一杯熱騰騰的綠茶微笑道：「蓋房子的時候，有些住戶等得不耐煩，議論紛紛爭辯不休，他們希望能加快速度。但到最後大家都明白了慢工出細活。」

在東京，可能有很多人不認識自己的鄰居，但西藤夫婦卻與鄰居住戶互動融洽。而且銀行存款也較爲充裕：省去與開發業者的接洽替他們省下一大筆建築費用。唯一遺憾的是，他們一踏出家門便立刻又回到快速而單調的東京。「我們的家也許是慢慢蓋起來的，」優子說：「可是這個城市本身還是非常快速，要想改變這點實在很困難。」

這種哀嘆我們並不陌生：無論現在或將來，大城市總是快速的。想讓城市慢下來只是白費力氣，對不對？錯了。在世界各大城市，都有人將緩慢哲學的理念成功地運用在都市生活中。

例如一九八〇年代創始於義大利的「都市時間政策」，如今已遍及德國、法國、荷蘭與芬蘭。這類政策的目的是藉由協調從學校、青年俱樂部與圖書館到醫療診所、商店與辦公室等等的運作時間，來放慢日常生活的步調。現在布拉鎮公所每個星期六早上都會開放，讓鎮民以比較悠閒的步調洽公。另一個義大利城鎮波札諾（Bolzano）則是錯開上學時間，讓有小孩的家庭早上不必匆匆忙忙。爲了減輕上班婦女的時間壓力，漢堡的醫師如今也開放晚上七點過後與星期六上午的門診。放慢都市生活步調還有一個例子，就是噪音大作戰。爲了促進平和與安寧，歐盟頒布了一項新命令，規定所有大都市在夜間七點過後必須降低噪音音量。就連馬德里也開始進行宣導，試圖說服以大嗓門聞名的居民壓低聲音。

「從不滿足」的超速渴望

不過，說到放慢城市的速度，緩慢運動者一致將全能的汽車視爲主要敵人。汽車比其他任何發明都更能表達並加深我們對速度的熱愛。一百年前，「La Jamais Contente」與其他能力不相上下的車款打破紀錄的壯舉，令人興奮莫名。今天，電視廣告上則有最新型的房車、吉普車甚至迷你休旅車，在壯麗的景致中呼嘯而過，隨後揚起灰塵或濺起水花。在現實世界裡，超速是最常見的「民不從」形式。數百萬人買了雷達偵測器，以避免超速被罰。網路上也提供情報，教人如何避開測速警察。在英國，還有激進的愛車人士會破壞路邊的測速照相機。至於平常一向奉公守法的人，卻可能爲了超速而例外。我知道，因爲我就是這種人。

「超速」使我們全都成了僞君子。大家都知道每天有三千人死於交通事故——比世貿中心遭恐怖份子攻擊時的死亡人數還多——損失達數十億美元。大家也知道超速通常是主要原因。但我們還是開得太快。即便在二〇〇二年的「美味走廊」——全世界最大規模的慢食大會——超速也同樣出現。義大利汽車製造商 Lancia 是贊助廠商之一，在大會上展示了一款 turbo 房車，可以在八・九秒內瞬間加速到時速一〇〇公里。慢食組織的代表多半爲男性，他們剛剛還輕聲細語地討論著陳放於山中草屋發酵多年的帕瑪乾酪，以及以人工從林地摘取的牛肝菌，此時卻輪流坐到駕駛座，臉上流露出夢幻神情，儼然像是上了高速公路的舒馬克。見到這一幕我不禁面露苦笑，後來忽然想起那句「住玻璃屋不該丟石頭」的古老諺語。參加「美味走廊」前不久，我在義大利公路上因爲超速被抓。而我當天的目的地：前往 Da Casetta 享用四小時的緩慢晚餐。

超速有許多原因——或是藉口。在一個分秒必爭的忙碌世界裡，我們可能爲了保持領先也可能只是爲了不脫隊而開快車。現代的汽車多半都是以速度爲主要訴求，打高檔時行駛平穩，低檔卻反而吃力。可是當交通警察開罰單時，卻又沒有人會以此爲藉口：開快車在車陣裡穿梭眞的很好玩，可以刺激腎上腺素的分泌。「事實上，當我們握著方向盤時全都成了義大利人。」愛丁堡納皮爾（Napier）大學的交通心理學教授史塔齡（Steven Stradling）說：「我們每個人開車時，都是心和大腦並用。」

即使當車輛以適當的速度前進或完全停止時，汽車依然是都市的主要景觀。我倫敦住家外面的街道兩旁，隨時都停滿車輛，有如一道柏林圍牆將兩側的人阻隔開來——從對街就看不到小孩。路上橫衝直撞的SUV車、房車與休旅車，也讓行人感到格格不入。這一切都在在顯示出車優先，人其次。有一回，因爲街道重整而淨空車輛數日，氣氛頓時爲之改變。行人悠閒地走在人行道上，偶爾還與陌生人交談。那個禮拜，我第一次見到兩名鄰居。我這樣的經驗並非特例。世界各地的研究顯示，車輛與社區之間有直接的關聯：在車流量較少且車速較慢的地區，居民之間的互動較多。

我並不想要詆毀汽車。我自己也開車的。問題是開車所佔的優勢比走路多太多了。這幾十年來，法國前總統龐畢度（George Pompidou）的一句話始終糾纏著都市生活不放：「我們必須讓城市適應車輛，而不是反其道而行。」然而，情勢終於逆轉了。大大小小的城市都開始解決超速文化，並重新規劃都市藍圖將車輛的使用率降到最低，藉此慢慢地適應以人爲優先。

減速作戰

首先就來談談速度大作戰吧。

魯莽駕駛的歷史幾乎就和汽車一樣悠久。一八九六年，來自克洛敦的家庭主婦布莉姬・德瑞斯科，成了全世界第一個被汽車撞死的行人。她剛走下倫敦一條人行道，便被一輛時速六公里的車輛迎面撞上。不久之後，馬路上的死亡率到處都急遽攀升。一九〇四年，也就是福特T型車造成駕駛風氣普及的四年前，英國國會限定大衆高速公路的最高時速爲三〇公里。對抗速度的戰爭從此展開。

如今，政府推動緩慢交通的決心更勝以往，到處可見駝峰路面、減寬道路，路邊設有雷達測速照相機，交通號誌同步，速限降低並在媒體上宣導民衆勿開快車。超速在民間基層引發了強烈的反彈，這種情形和其他爲緩慢而戰的戰線相同。在英國鄉間，車輛沿著狹窄巷道從詩畫般的小屋前飛馳而過，致使騎乘單車、馬匹或徒步者生命受到威脅。許多村民受夠了這些速度狂，因此自行設置時速四十五公里的速限牌，一面等待相關單位正式明文規定。

至於都市區的居民則以宣導合作的方式對付超速文化。二〇〇二年，美國有一位勇氣十足的老奶奶名叫雪莉・威廉斯，她在北卡羅萊納州夏洛特（Charlotte）住家門前的草地上，立了一塊招牌，力促汽車駕駛簽名宣誓「會小心留意每個社區街道的速限，就像在自己的社區一樣，就像自己最愛的人——我的孩子、配偶、鄰居——住在這裡一樣。」

不久，便有數百人簽署，當地警察也全力支持。幾個月內，一家網路汽車業者Car Smart也加入這個運動，爲威廉斯提供一個全國性的舞臺。現在，全美已經有數千人「宣誓放慢速度」。

另外還有一個反速度的民衆運動橫掃美國，那就是起源於澳洲的「社區減速計畫」(Neighborhood Pace Program)。參與者要宣誓依速行駛，進而作爲後方車輛的「活動減速駝峰」。類似的計畫也在歐洲各地引起迴響。

減速作戰甚至打入了電視臺的黃金時段。在最近一個英國電視節目中，提供給在學校附近超速被抓的汽車駕駛兩個選擇，一是繳罰款，一是與當地學童面對面。選擇後者的人臉色蒼白地坐在教室前方，回答孩子們提出的尖銳問題，有些小孩甚至只有六歲：你如果撞到我，會有什麼感覺？如果你把我撞死，你會對我父母親說什麼？駕駛們顯然十分震驚，有一名婦女還哭了。所有人離開時都發誓再也不會超速。

然而，在繼續討論之前，我想先打破一個很大的駕駛迷思：超速是節省時間的可靠方法。的確，若在車輛不多的高速公路上做長途旅行，這麼做確實可以提早到達目的地。但是對於短程駕駛的影響卻極爲有限。例如，以時速七十五公里行駛三公里需要的時間還不到兩分半鐘。即使直線加速到時速一二〇公里，也僅僅提早了五十四秒，恐怕連聽語音信箱的時間都不夠。

在許多行程中，超速更是完全節省不了時間。交通號誌普遍實施同步調控的結果，使得不遵守速限的駕駛會更常遇上紅燈。在車陣中穿梭也經常會招致反效果，有一部分是因爲車道速限經常變換。不過即使知道超速省時只是假象，卻仍無法讓人減速。無論是雷達測速或縮窄路寬，大多數反超速措施的問題仍在於採取了強迫的手段。換句話說，駕駛減速只是因爲不得不如此——爲了避免車子受損、被路邊測速照相機拍到或追撞前面車輛。一旦危機解除，他們便會再次加速，有時甚至開得更快。若想在速度作戰中獲勝，唯一的方法就是更深入地改變我們與速度本身的關係。我們必須要「自己願意」減緩車速。

這麼一來便又回到緩慢運動的關鍵問題之一：我們該如何控制加速的本能？無論是駕車或生活，有一個方法就是少做一點事情，因爲繁忙的行程是超速的一項主因。另一個方法則是學習在緩慢中感受舒適。

超速意識課程

為了協助民衆戒除加速的習慣，英國的蘭開夏（Lancashire）成立了一個超速匿名課程專案。二〇〇一年，當地警察開始爲超速八公里被抓的駕駛提供不同的選擇：可以上一天課，也可以繳罰款並扣駕照點數。現在每個月大約有一千人選擇上「超速意識課程」。（Speed Awareness Program）

某個灰暗的週一上午，在普勒斯頓（Preston）郊外一個灰暗的工廠區，我加入了十八名新生的行列。超速顯然是一種無階級之分的犯罪行爲，我這一組的成員從家庭主婦、職業婦女，到藍領階級、典型生意人，應有盡有。

上課成員端了茶與咖啡坐下之後，便開始交換經驗，慚愧之中略帶有一絲挑釁。「其實我根本沒有開多快。」一名年輕母親嗤之以鼻地說：「我是說又沒有對任何人造成威脅。」有幾個人深有同感地點頭。「我根本不用來上課。」我左手邊的男子抱怨道：「我晚上很晚才上路，路上又沒人。」

老師是個粗率的北方人，名叫葛林蕭，他一走進教室，大夥立刻噤聲。他首先要求我們列出最常見的超速原因。我們列出了幾個常見的罪魁禍首：時限到了、遲到、一時分心、車潮、引擎聲音太小。「來這裡上課的人從來沒有人責怪過自己——永遠都是其他人事物讓我們開得太快。」葛林蕭說：「根本就是胡說八道！超速是我們自己的錯。我們既然可以選擇超速，當然也可以選擇不要。」

接下來便是一連串令人不快的數據。時速五十六公里的車要停下來，會比時速四十八公里的車多跑六．四公尺。時速三十二公里的車輛撞死行人的機率爲五%，時速四十八公里則驟增爲四十五%，六十四公里更高達八十五%。葛林蕭不斷提到現代人一心只想省時。「現在每個人都匆匆忙忙，爲了省下一分半鐘也要超速。」他說：「眞的有必要冒著自己或別人的生命危險，只爲了提早九十秒鐘到達嗎？」

整個上午我們幾乎都在解析普通道路景象的照片，從中辨識出應該減緩車速的線索。繫在前門的氣球？可能會有參加生日派對的小孩衝到街上來。道路上泥濘的車輪痕跡？可能會有工地大卡車大意地朝我們倒車。路邊的咖啡館？前面的駕駛可能突然靠邊買個點心。這些都不是什麼高深學問，葛林蕭說，但我們開得愈快就愈難留意到線索。

午餐過後，我們到戶外做一些實地訓練。我的教練柯墨佛年紀四十來歲，身材瘦小，留著大鬍子，是個十分熱情的人。我們爬上他那輛 Toyota Yaris 小轎車。他先開，在附近郊區繞來繞去，總不超過速限。對於像我這種速度狂而言，簡直就像烏龜走路。當我們來到一段開闊的高速公路，我甚至忍不住就要用右腳猛踩油門。柯墨佛慢慢地加速到最高速限，然後保持同樣速度。他緩緩巡邏之際，一面同步解說著駕駛應該注意的事項：運動場、公車站牌、行人穿越、路面顏色的變化、路邊的凹陷、遊樂場、店面。他喋喋不休地念著，像個拍賣人員。我聽得頭都暈了，要記住的實在太多。

接著輪到我了。我原本打算遵守速限，但沒想到自己竟如此輕易地、下意識地便超速了。每當速率計一超過速限，柯墨佛就會斥責我，倘若經過學校區域時時速超過速限十三公里，他還會更嚴厲。我反駁說路上空空的，而且現在又是暑假期間。其實我的藉口說得有點心虛，我知道他是對的。下午時光慢慢消逝的同時，我也逐漸適應。我開始注意到時速表。我開始掃描課堂上學來的線索，並同步發表自己的解說。最後，我的速度甚至在不知不覺中減慢下來。而我真正注意到的是，平常握著方向盤時那種不耐的感覺已經緩和。

課程結束時，我已經準備要好好地低頭認錯，其他學員似乎也都學乖了。「以後我不會再因超速被抓了。」一名年輕女子說。「對極了。」另一人喃喃附和。但這情形會持續嗎？就和出獄後重返社會的囚犯一樣，我們將會面對原來相同的誘惑與壓力。我們會持續改過自新？或是會重回快車道呢？

如果彼得．霍蘭也能獲得那麼一點點教訓，超速意識課程的未來便有希望。霍蘭今年四十歲，是BBC記者。在過去辛苦的日子裡，超速幾乎可以說是他的榮譽勳章。「我總會一路飆車，趕著第一個到達現場。」他回憶道：「我覺得我是爲了趕上截稿時間，但比任何人更早到達現場，其實有一種逞英雄的快感。」即使不斷收到高額的超速罰單仍無法讓他慢下來。

後來，BBC電視臺派他寫一篇關於「超速意識課程」的報導。霍蘭帶著準備鬧場的心態前來。但隨著一天慢慢過去，重要訊息也逐漸滲入他的腦中。他有生以來第一次，對內心那隻飛毛腿嗶嗶鳥提出質疑。而轉捩點卻是在他實地訓練的過程，當時他沒有注意到學校的號誌便奔馳而過住宅區。「我頓時有了深切的體悟，因爲我自己有兩個小孩。」他說：「下課後返回公司的路上，我就知道自己以後開車絕對會有所不同。」

霍蘭寫了一篇精采的報導，並且開始學以致用。現在當他坐上駕駛座，總是安全第一。他就像超速意識課程教練似的，虎視眈眈地環顧路況，而且自從上完課之後他再也沒有超速過，但也從未漏失任何一則專訪或獨家新聞。減慢車速甚至幫助他重新思考人生後半輩子的步調。「你一旦在車內開始質疑速度這兩個字之後，就會開始對人生提出同樣的疑問：我爲什麼要這麼匆忙？光是爲了省一兩分鐘有什麼意思？」他說：「如果你開車能緩和一點，對待家人、工作、一切也都能緩和些。現在我在各方面都要緩和許多了。」

雖然不是每個人都能從「超速意識課程」中獲得改變一生的領悟，但這堂課顯然有其影響力。追蹤研究顯示，大多數結業的學員仍主動選擇不超速行駛，英國各地議會都紛紛提出效法該計畫的建議。我本身的經驗也頗具鼓舞作用。上完課八個月後，我開車時耐心多了，會更注意週遭環境，對車子的掌控也更得心應手。即使在道路生態仍爲「快者生存」的倫敦內外，開車也不再像從前那麼令人神經緊張。當然，我不是彼得．霍蘭，有時候我還是會開太快。但就如同「超速意識課程」的其他許多學員一樣，我已經開始修正。

然而，要想讓都市地區更適合人居，學習遵守速限只是個開端。誠如「緩慢城市」

所證實，給予車輛的空間也得減少。爲了達到該目的，許多市區到處都在增設徒步區、鋪設自行車道、減少停車場、收取通行費，甚至完全禁止車輛進出。每一年都有許多歐洲城市設定無車日，有些甚至每個星期淨空一次。每週五晚上，巴黎市區便有許多地段淨空車輛，供民衆溜直排輪。二〇〇二年整個十二月，羅馬政府也禁止車輛進入一個名爲「三叉戟」的高級購物區。二〇〇三年，在上班日進入倫敦市區的駕駛，都得開始繳交每日五英鎊的費用。整體車流量減少了五分之一以後，英國的首善之都變得更適合騎乘單車與步行了。目前，還有其他大都市正在研究跟進倫敦的收費計畫。

生活街道

在此同時，規劃者也開始重新設計住宅社區，將居民置於車輛之先。一九七〇年代，荷蘭人發明了 Woonerf（生活街道），在這類住宅區內速限較低，停車位置較少，設有板凳與遊樂區，種了更多樹木、灌木與花卉，人行道與車道高度相同。最後結果便創造出一個推廣緩慢駕駛或甚至沒有車輛、有利行人的環境。

在飽受交通之苦的英國，有八十多個地區的居民們團結起來將他們的社區變成

Woonerf形式的「居家區域」。率先實施實驗計畫的是位於倫敦西郊的伊令（Ealing），一個涵蓋五條街的區塊。在計畫中，當地地方議會鋪設了駝峰路面，並將該區各入口稍微加高，鋪上紅磚，此外還使大多數車道與人行道齊平。現在車輛以左右交錯方式停放在道路一側，因此很少有開闊的直線道路誘使駕駛加速，而人行道之間也很少再見到車輛並排行駛。路邊有許多車輛都是斜角停車，這也減少了行車的空間。結果這個地區雖然和我住的地方一樣，全是維多利亞風格的住家，感覺卻更輕鬆、更吸引人。小孩在馬路上溜滑板、踢足球，就算有車輛經過也會放慢速度。這裡的居民也和其他社區一樣，由於向車輛宣戰而團結在一起。如今在伊令這個角落的民衆不像倫敦市民那樣客客氣氣地與人保持距離，而會在街上辦派對，在鄰近的公園比賽棒球與壘球，晚上還有社交活動。夏蜜恩·柏伊是三個小孩的母親，她希望汽車文化能夠式微。「大家已經比較會去留意行車對一個地區的生活方式有什麼影響。」她說：「現在我們這裡有很多人上車前都會三思而後行。」

不過，將倫敦變成一個步調緩慢的居家區域是不可能的——至少短期內不可能，因爲車子實在太多。曾一度在柏伊家附近街道穿流的車輛並未消失——只不過是湧到外圍道路罷了。而且在倫敦這種大都市，只要大衆運輸一日不改善，跳上駕駛座的反射動作便會持續。

要北美人民放棄車輛就更難了。這塊新大陸的城市都是為汽車設計的。北美有數百萬人住在郊區，上班、上學或逛街的唯一方法就是長途駕駛。即使是短程路途，開車也還是預設的模式。我昔日住在加拿大亞伯達省的艾德蒙吞時，當地人絲毫不在意開車到三〇〇公尺不到的便利商店買東西。郊區的主流設計不僅反映也強化了車輛優先的心態。有些路旁甚至沒有人行道，大多數住家前面也都有一條車道和可以停放多輛車的車庫。

郊區通常是個不長久的、寂寞的地方，一般居民對鄰居的車比對鄰居本人還要熟悉。郊區生活也不健康，無論到哪裡都要開車，很浪費時間，逼得人做其他事情不得不加快速度，也更難找到時間運動。《美國公共衛生雜誌》(*American Journal of Public Health*)於二〇〇三年發表的研究報告顯示，住在廣闊郊區的美國人，平均體重多半比住在較爲密集地區的人高出二・七公斤。

由於現在愈來愈多人想要過較緩慢、無車的生活，因此對傳統郊區的興趣也逐漸降低。美國最新的人口普查數據顯示，一九九〇年代流向郊區的人潮已經開始減少。北美人民厭倦了時間長、壓力又大的通勤生活，愈來愈多人選擇搬到經過重新改造，可以散步、騎單車的市中心。最好的例子就是奧勒岡州的波特蘭。一九七〇年代立法禁止向外擴展之後，當地領導人便開始將市區變造成一個以輕軌列車連接、對行人友善的社區。改造後的波特蘭可能就是美國最適合人居的城市。當地民衆不再開著SUV車衝向城外的購物中心，而是步行逛街、從事社交，創造一種能讓「緩慢城市」組織感到自豪的活絡的街道生活。波特蘭不僅成了洛杉磯居民的避風港，也是全國都市規劃者效法的對象，《華爾街雜誌》更爲它冠上「都市聖地」（Urban Mecca）的名號。

新都市主義

波特蘭象徵了未來的趨勢。整個北美的都市規劃者都開始設計以人爲優先的城區與住宅區，而且並未犧牲現代社會的物質享受。有許多人打著「新都市主義」的旗幟，這個運動始於一九八〇年代末期，其典型模式則類似二十世紀初以電車連接的郊區，有不少人視之爲美國都市設計的最高指標。這類社區可供步行，並有許多零星的公共空間——

廣場、公園、音樂表演臺——以及混合收入住家、學校、休閒設施與商店。建築物之間的距離拉近了，也更靠近街道，以增進親密與群聚的感覺。爲了減少車輛，鼓勵步行，街道變窄了，兩旁還有寬闊的林蔭人行道。車庫也隱藏在屋後的小巷內。然而，新都市主義的目的和「緩慢城市」一樣，並不是爲了隱藏到一個泛黃的舊日幻影中，而是要利用最好的科技與設計，無論新舊，讓都市與郊區生活更輕鬆、更愉快——更緩慢。

新都市主義已經漸漸成爲主流，如今從北美與其他國家前來參加年度大會的代表多達兩千名。根據最近一次統計，已經有四百多個新都市計畫在加拿大與美國展開，有全新社區的建設，也有老舊市區中心的重整。現在美國住宅與都市發展部（HUD）將新都市主義的原理應用在全國各地的規劃中，就連傳統開發業者也會掠取一些新都市主義的設計概念，將車庫隱藏在屋後便是一例。多倫多北部一個富裕的城鎮馬坎（Markham），便依照新都市主義路線設計每個新社區。

不過新都市主義也有爲人詬病之處。也許因爲這項運動強調的是汽車稱霸前的快樂生活，設計者便有偏愛傳統建築的傾向，因此仿維多利亞風格、喬治王朝風格與殖民時代風格的建築經常混雜在一起，還有許多門廊、柵欄與山形屋頂。有人嘲笑新都市主義其實是逃避現實，躲進一個矯揉做作的虛構世界——這種批評有時聽起來似乎不無道理。位於佛羅里達、墨西哥灣畔的夕塞德（Seaside），堪稱爲新都市主義的典範城鎮，也是電影「楚門的世界」裡那個假社區的場景所在。還有什麼比這個地方更不眞實呢？

美學並非唯一目標。許多新都市主義發展計畫都努力地想吸引足夠的公司行號，以創造一個繁榮的商業中心，而迫使當地居民到其他地方工作與購物。由於大衆運輸通常不夠便利，出一趟門便得以車代步，走的則是緩慢生活最無法接受的高速度高壓力的幹道。還有一個問題是，許多開發業者提出的是新都市主義稀釋版——借用些許美化手法，卻忽略了街道設計的核心原則——因而使得該運動招致惡名。北卡羅萊納州亨特斯維（Huntersville）的一名建築師兼都市設計師湯姆羅伊（Tom Low）認爲，現在已經到了重新肯定新都市主義原則的時候，甚至有必要加入一些「慢食」與「緩慢城市」的概念。他提倡一個更新、更進步的運動，名爲「緩慢都市主義」。

新都市主義確實還有一段很長的路要走。許多現行計畫都還帶了點試驗與摸索的味道。但是對於任何希望將「緩慢」與「城市」結合在一起的人而言，這項運動顯然是有前途的。我就在這最恰當的時機來到了肯特蘭斯（Kentlands）——新都市主義這頂王冠上最閃耀的寶石之一。

於一九九〇年代建於馬里蘭州蓋瑟斯堡（Gaithersburg）的肯特蘭斯，是偌大而雜亂的郊區大海中的一座寧靜之島。在這個佔地一四三公畝的土地上，每個細節都是爲了讓人放慢腳步，爲了鼓勵居民多走路、多交際、多聞聞玫瑰花香所設計的。這裡有三個湖，許多大樹、公園、遊樂場以及設有花園與涼亭的廣場。兩千戶住家混合了殖民時期、喬治王朝與南北戰爭時期的風格，其中許多住宅的前方門廊上都擺著舒適的椅子與悉心照料的盆栽。車輛小心翼翼甚至帶著歉疚地駛過狹窄街道，最後消失在後巷車庫內。這裡所能看見最快的東西可能就是當地的運動迷，穿著直排輪鞋，像飛出地獄的蝙蝠似的滑過寧靜道路。

但這並不代表肯特蘭斯是一個毫無生氣，只有晚上睡覺時間才見得到人影的社區，絕對不是。這裡和一般傳統郊區不同，主要大街上有大約六十家的店鋪與事務所，滿足居民種種需求：一家西服店、一家雜貨店、一家牙科診所、律師事務所、眼鏡行、一家整體治療中心、兩家美容院、一間藝廊、一間郵局、一家寵物店、一家乾洗店、幾家房地產仲介、一家陶器店與一間會計師事務所。市場廣場上有兩棟辦公大樓、一間酒吧、一間咖啡館、二十多家餐廳、一個很大的有機超市、一個孩童專用的健身俱樂部和一間電影院。

在自家門口就能做這麼多事，肯特蘭斯的居民自然就愛上了那項非常不美國式的活動：走路。年輕的母親會推著嬰兒車到大街上喝杯咖啡或買點東西，小孩走路上學，然後走路去練習足球、上游泳課與鋼琴課。傍晚時，肯特蘭斯一片嘈雜，街道上擠滿了步行的民眾，有人與朋友聊天，有人正準備上館子或看電影，也有人只是到處走走。幾乎就像電影「歡樂谷」中的場景。

那麼心滿意足住在肯特蘭斯的都是哪些人呢？各個年齡層都有，他們都希望能像住在「緩慢城市」一樣，多一點生活享受。較寬裕的人住在獨棟房子，窮一點的就住公寓。幾乎所有人都是從傳統郊區逃離的。卡拉罕一家人便是從一兩公里外一個車擠車的郊區逃到肯特蘭斯。如今，蜜西、查德和十幾歲的兒子布萊恩所住的屋子，若置入漫畫家洛克威爾（Norman Rockwell）的畫中也不顯得突兀：大大的門廊上擺了好幾張搖椅，門前的旗桿上掛著美國國旗，屋外一道白色柵欄，前院種滿南天竹、漿果、冬青和月桂。在先前的住處，卡拉罕得開九公里多的車程才能到達最近的餐廳、超市或書局。在肯特蘭斯，卻只需五分鐘便能走到大街。蜜西和此地所有居民一樣，深愛這較爲緩慢的步調。「在一般郊區，做什麼事都得開車，也就是說隨時都很匆忙。」她說：「可是在這裡無論上哪都能走路，感覺悠閒多了。而且居民間的聯繫也十分緊密。我們也不是什麼社交高手，但整個肯特蘭斯的人我們都認識，因爲出外散步時總會碰面。」

社區居民之間有一種舊式的親密關係。家長幫忙在街上找鄰居的孩子。犯罪率非常低——當所有人都互相認識，侵入者便很容易辨識——有些居民甚至不鎖門。這也有某種潛移默化的調節作用。大街上治療中心的針灸治療師蕾姬・諾頓認爲，肯特蘭斯已經產生良性循環：生活步調放慢之後，居民感情更親密，於是居民便更加放鬆，步調也更慢。「當社區居民維繫良好的關係，民衆會有歸屬感。」她說：「在生活方式上也會有安撫的作用。」

作用的效果有多深遠呢？肯特蘭斯大多數的居民，仍必須開車到社區外那片廣大惡劣的世界裡上班。然而緩慢的家居生活卻能中和現代職場的忙亂壓力。身爲萬豪連鎖飯店保全部門的副總經理，查德・卡拉罕每週工作五十小時，而且經常要出差。他每天開車上班也得花四十分鐘。從前住在傳統郊區時，他幾乎每天晚上都待在屋裡，通常就是浸在電視機前面。但現在，他和蜜西則是幾乎每晚都出去散步，不然就是坐在門廊上看書，或是與路過的人閒聊。在辦公室辛苦工作一天之後，肯特蘭斯就是最有效的鬆弛劑。

「回到家以後，我真的可以感覺到壓力開始解除，我可以感覺到血壓下降。」查德說：「我想反過來應該也有後續影響吧：我會帶著比較輕鬆的心情去上班。當我真的感覺工作壓力很大的時候，想想肯特蘭斯就會舒服一點。」

卡拉罕也發現到，有些很好的想法都是自己在社區散步時想到的。「我在這一帶散步的時候，經常陷入沉思。」他說：「如果我工作上遇到什麼問題，經常是還沒有發現自己在思考就已經將問題解決了。」

肯特蘭斯並非完美無瑕。每天有大量人潮通勤上班，致使當地流失不少活力，不過附近計畫開闢一個辦公園區，或許有助於改善情形。有些商店與營業場所的預定空間至今依然空著。純正主義者則抱怨，有些街道可以對行人再友善一點。不過終究是利多於弊。事實上，肯特蘭斯的民眾對於這種輕鬆悠閒的生活型態，都抱著一種近乎狂熱的崇拜。檯面上幾乎很少有房地產買賣，有的話，當地居民也通常會立刻動作。即使夫妻離了婚，也會在同一社區找不同住處。肯特蘭斯也十分受到外地居民的青睞。傍晚時分，會有許多人從傳統郊區來到這裡的大街與市場廣場散步。有些人還會寫信要求居民賣掉房子，好讓他們搬進來。過去十年間，肯特蘭斯的房價已經成長一倍。「這裡的生活型態也許不是人人會喜歡，但房屋的需求的確不斷增加。」查德說：「現在顯然有很多人希望找一個地方，讓自己生活得簡單一點、緩慢一點。」

我在肯特蘭斯停留的最後時刻，發生了一件事，更加證明新都市主義——或至少與新都市主義扯上一點邊的版本——對北美是有利的。爲了讓自己重新體會一下傳統郊區的感覺，我徒步前往蓋瑟斯堡的另一端探訪。那天是個散步的好日子。鳥兒在萬里無雲的秋空中飛舞嬉戲，微風輕拂過樹梢。這個社區整潔、富饒——而且沉寂有如墓園。每戶住家前面都有個車庫，而且多半有一兩輛車停放在私人車道上。偶爾有個人從前門冒出來，跳上車便開走了。我覺得自己彷彿非法入侵。過了大約二十分鐘，一輛巡邏警車開到我身邊停下來。坐在前座乘客座位的警察將頭探出窗外，說道：「早啊，這位先生。沒發生什麼事吧？」

「沒發生什麼事。」我重複了一遍：「我只是走一走。」

「只是什麼？」

「走一走。就像散步。我想稍微活動一下筋骨。」

「你住在這一區嗎？」

「不是，我從外地來的。」

「難怪了，」他笑著說：「這一帶的人不常走路。」

「是啊，好像每個人都開車。」我說：「他們應該多走點路。」

「也許吧。」巡邏車開走前，那位警察略帶諷刺地加了一句說：「那你就好好地散步吧。」

對街的自動灑水系統突然從地下冒出來，窸窸窣窣地往當地的棒球場灑出大片水花。我獨自站在人行道上，感到既好笑又震驚。我剛剛被警察給攔下來——因爲我在走路。

當天稍晚，肯特蘭斯也十分安靜，大多數居民都出外上班了。不過街上有些人，他們在走路。每個人總會親切地打聲招呼。我遇見馬蒂妮絲的時候，她正帶著兩個小兒子要去買東西。她和丈夫最近正打算賣掉原本的連棟式住宅，搬到幾條街外一間較大的房子。我們談到當父母的種種考驗與艱辛，也提到肯特蘭斯很適合養育小孩。「你會愛上這裡的生活的。」她說。說真的，我覺得她說的沒有錯。

5 慢動：身心合一的緩慢運動

安定心靈的藝術與驅散內心一切煩憂的力量，很可能是世間偉人的活力祕訣之一。

赫德菲（J.A. Hadfield）

清朗的春日早晨，在威特夏（Wiltshire）偏遠鄉間散步似乎是再自然不過的事了。牛群在緩緩起伏的綠地上悠哉吃草，當地人騎著馬快步經過，鳥兒從高空俯衝而下，掠過濃密的林梢。喧囂擾攘的都市生活似乎遠在千萬里外。我沿著鄉間小徑走去，腳下的小石子吱嘎作響，我可以感覺到自己的速度放慢了一兩拍，事實上也該如此，因爲我來此正是爲了學習如何放慢心智的活動。

對抗速度狂熱的戰爭前線，就在我們的腦子裡。除非改變態度，否則「加速」永遠都會是我們的預設模式。但改變我們思考的「內容」只是開端而已。如果要讓緩慢運動確實紮根，還得更深入去改變我們思考的「方式」。

人類的大腦很自然便像蜻蜓點水，從一個念頭跳到另一個念頭。在高速的工作環境中，資訊與期限紛至沓來，每個人無不被迫快速思考。現今重視的是即時反應，而不是深思熟慮。爲了盡量不浪費時間，爲了避免無聊，我們便用心理上的刺激填滿每個空檔。你最後一次坐在椅子上，閉上眼睛，全身放鬆，是什麼時候的事？

讓我們的心保持忙碌，就等於不懂得善用我們最寶貴的自然資源。的確，大腦能夠在緊繃的狀態下創造奇蹟，但若偶爾能讓它放鬆一下，將會創造出更多奇蹟。放慢心靈的節奏會帶來健康與內心的平靜，集中注意力，增進創意思考的能力，同時還能爲我們啓發昆德拉所謂的「緩慢的智慧」。

兎腦龜心

專家認爲大腦有兩種思考模式。英國心理學家柯雷克斯頓在《兔腦龜心》（*Hare Brain, Tortoise Mind—Why Intelligence Increases When You Think Less*）一書中，將這種模式稱爲「快速思考」與「緩慢思考」。快速思考是理性的、重分析的、線性的、合乎邏輯的。這是當我們面臨壓力，時間進入倒數計時之際的思考模式；這是電腦的思考模式，是現代職場的運作方式；它能爲明確的問題提供確切的解決之道；緩慢思考是直覺的、模糊的、具創意的。這是沒有壓力時的思考方式，我們有時間將想法暫時擱置一旁，讓想法自行慢慢醞釀，如此經常能得到豐富而細膩的見解。掃描器顯示這兩種思考方式會產生不同的腦波——緩慢思考時，會出現低週波 α 和 θ 波，快速思考時，會出現高週波 β 波。

放鬆之後經常便會產生緩慢思考。研究結果顯示，人在心情平靜、從容、沒有壓力時，思考會比較有創意，而時間的壓力則會導致目光短淺。一九五二年進行的一項研究測驗，要求參與者將一些簡單的句子改寫成一個基本密碼，有時候研究員只是靜靜地將句子交給他們，有時候則會對他們說：「你能不能稍微快一點？」參與者一聽到加速的要求總會手忙腳亂，無一例外。在加拿大有另一項研究，讓參與者在「胖得像……」或「冷得像……」之類的片語中塡入名詞，研究員發現在醫院等候開刀的病患想出來的比喻比較不具創意。

這些發現剛好和我個人的經驗相符。我靈光乍現的時刻很少發生在節奏快速的辦公室或壓力很大的會議上，倒是較常在我放鬆的狀態下出現——泡澡、做飯或在公園慢跑時。歷史上的大思考家絕對知道放慢心靈節奏的寶貴。達爾文自稱爲「緩慢思考者」。愛因斯坦常在普林斯頓大學的辦公室裡對空凝視，也是出了名的。在柯南道爾的偵探小說中，福爾摩斯衡量犯罪現場的證據時，更會進入一種半冥想狀態，「流露出一種迷濛空洞的眼神」。

當然，單純的緩慢思考只是一種沉溺，缺乏快速思考的精密。我們必須捕捉住下意識浮現的想法，加以分析、評估——而且通常要快。愛因斯坦便體認到結合這兩種思考模式的必要：「電腦是快速、精確卻愚蠢得不可思議。人類是緩慢、不精確卻聰明得不可思議。兩者結合之後的力量難以想像。」因此最聰明、最有創意的人總是知道何時該讓心思漫遊，何時該專心工作。換句話說，就是何時該慢，何時該快。

那麼我們其他人如何才能採行緩慢思考呢——尤其是身在一個重視速度與行動的世界？第一步就是放鬆——將不耐擱置一旁，停止掙扎，學習接受不確定與不行動。讓想法在雷達偵測不到之處慢慢醞釀，耐心等候，不要死命地腦力激盪，試圖逼它們浮現。讓你的心安靜平穩。誠如一位禪學大師所說：「與其說『不要光是坐著，做點事吧』，倒不如說『不要光是做事，坐下來吧』。」

慢動一：靜坐

靜坐是放鬆心靈的訓練方式之一，可以降低血壓，幫助大腦產生頻率較低的 α 與 θ 波。研究調查顯示，靜坐結束後，效果仍可持續良久。二〇〇三年，加州大學舊金山分校醫學中心的研究人員發現，佛教中的打坐冥想會影響杏仁核——與恐懼、焦慮與驚訝有關的大腦區塊——讓信徒比較平和，脾氣比較不容易失控。

靜坐並非新的發明。數千年來，一直有各種信徒藉由靜坐冥想追求內在的和諧或心靈的啓發，也或許因此爲冥想罩上一層略顯怪誕的面紗。有許多人一提到靜坐，便會聯想到光頭和尚在山頂寺廟誦經，或是新世紀主義者煞有介事地盤成蓮花坐姿。

然而，這種偏見似乎已經開始落伍。靜坐正逐漸成爲主流。如今有上千萬美國人會定期靜坐，靜坐教室也在工業社會的各個角落不斷冒出，機場、學校、監獄、醫院、辦公室，無所不在。壓力過大、受速度戕害的專業人士——其中包括死硬派的不可知論者與無神論者——都一窩蜂地湧向提供靜坐服務的心靈避難所。全世界幾個最不特立獨行的人，例如福特汽車的董事長兼執行長比爾・福特等人，現在也都熱中於靜坐。

爲了體驗靜坐的過程，了解靜坐與緩慢運動之間的關聯，我報名了一個前往威特夏鄉間靜修十天的前三天課程。主辦單位國際禪修中心（IMC）是一個遍及全世界的佛教組織，一九五二年創立於緬甸。英國分會於一九七九年成立，如今的會址是一棟經過改建的紅磚農舍與其附屬建築。精緻的庭園內聳立著一座現代化佛塔，金色尖塔在春日陽光下閃閃發光。

星期五下午，我帶著些許恐懼抵達了。我能夠一連靜坐好幾個小時嗎？我會是唯一沒有穿沙龍的人嗎？我的四十名同修來自世界各地——英國、德國、法國、澳洲、美國。自助餐廳的桌上，擺滿了一瓶瓶萬字醬油、一罐罐爽脆的花生醬和一小罐一小罐的酵母精華。許多參與者都是虔誠的佛教徒，理了光頭，穿著緬甸普遍可見的彩色沙龍。但也有人和我一樣，只是來此尋求一個安靜處所，學習靜坐冥想的藝術。

第一個團體活動，我們全部聚集在一個狹長的房間，屋內燈光柔和。前方牆上掛著禪修中心創辦人烏巴慶的肖像，相框底下有一塊牌子用緬甸語和英語寫著：「眞理必勝。」學員們裹著毯子，排成四列，或坐或跪在蓆上軟墊。正前方，老師盤坐在一張凳子上。

他名叫畢蕭夫，是個性情溫和、長相酷似比爾・蓋茲的瑞士人。

畢蕭夫解釋說，我們即將修習佛陀所指示的八正道。首先是遵行五戒端正行為：不殺生、不偷盜、不邪淫、不妄語、不飲酒。接下來是打坐，目的是讓我們在前五天能集中精神，而後五天則利用這份專注獲得內觀的洞察力與智慧。在理想的情況下，學員們將會在第十天開悟——或至少開啓悟道契機。

中心的一切都是爲了讓人放鬆、安定身心而設計。現代社會中許多讓人忙忙碌碌的刺激，全部遭禁。因此沒有電視、沒有收音機、沒有閱讀刊物、沒有網路、沒有電話。我們還必須「絕對沉默」，不許交談。生活回歸到最基本：吃飯、走路、睡覺、洗澡與打坐。

靜坐的方式很多。大部分都是將心思專注於某一點：一件物品，如蠟燭或樹葉；一個聲音或一句咒語；或甚至一個概念，如愛、友誼或老化。禪修中心教導的技巧似乎簡單極了。閉上眼睛，用鼻子呼吸，將全副精神集中在上唇上緣的某一點。畢蕭夫以輕柔、流暢的聲音，要我們立即放慢下來，全身放輕鬆，集中精神感受呼出的氣息輕觸鼻下的感覺。這聽起來容易，做起來卻不然。我的心好像有自己的心思似的不聽使喚。呼吸五六次之後，氣息就像彈珠臺上射出的小鋼珠，嘈嘈雜雜地在各個障礙物間撞來撞去。每次當我將注意力轉回氣息上，又會有許多不連貫的思緒不斷閃過腦海——工作、家庭、體育焦點新聞、流行歌曲片段，林林總總的。我開始擔心自己會不會出了什麼問題。其他每個人好像都很平靜、很專注。我們所有人一排排安靜地坐著，就像在幽靈船上划槳的奴隸，我卻突然有一股衝動，想要格格地笑，或是大喊一句「失火了！」這類蠢話。

不過，幸好畢蕭夫每天會與學生面談兩次，以記錄進步的情形。這是我們唯一能說話的時刻，因為是在全班面前進行，要偷聽並不難。令我欣慰的是，原來每個人都很努力地想靜心。「我覺得我好像就是慢不下來。」有個年輕人絕望地說：「我還是渴望活動。」

畢蕭夫說出一連串鼓勵的話。他說：就連佛祖也有難以安定心神的時候；最重要的是不要強求；如果覺得緊張或焦躁，就躺下來，或是到廚房吃個東西，或是去走走。外頭的庭園裡有學生緩緩地走來走去，像在療養院一樣。

然而即使心思再快、再紊亂，靜坐冥想顯然仍能發揮效用。第一天晚上結束時，我便有醺然陶醉之感。隨著週末時間慢慢過去，我毫不費力便開始放慢下來。到了週六晚上，我發現自己吃東西和刷牙的時間變長了。上樓時也能慢慢走，不會用跑的。我比較能留意到一切細節——我的身體、身體的動作、我吃的東西、外面草地的氣味、天空的顏色。到了週日晚上，就連靜坐本身也似乎不再那麼遙不可及。我漸漸學會讓心平靜穩定得更久一點。我不再像原來那樣感到不耐而匆促。老實說，我已經放鬆到根本不想離開。

此外，我的大腦也在不知不覺中進行了一些非常有用的緩慢思考。週末結束時，對於工作的想法有如魚躍湖面，不斷從我的下意識冒出來。回倫敦之前，我坐在車裡將這些點子簡單記下。

靜坐所獲得的平靜可能從靜修地點轉移到現實世界嗎？最後的答案雖然是肯定的，卻有保留。在倫敦，加速的誘惑顯然要比在威特夏偏遠地區大得多，而通過禪修課程訓練的學員卻少有人眞正到達禪定的境界。然而，靜坐仍可削減都市生活忙亂的程度。

在威特夏的靜修告一段落之後，我找了幾個人聊聊，想知道靜坐對他們有何影響。其中一人叫帕維特，四十一歲，廣告文字工作者，來自倫敦郊區的美登赫（Maidenhead）。他從一九九〇年代初期便開始參加ＩＭＣ的禪修班，後來慢慢成爲虔誠的佛教徒。現在他每天晚上都會騰出一個小時的時間靜坐。

靜坐提供了一個平靜的基石，讓他得以應付波濤洶湧起伏的廣告界。「靜坐就像一塊岩石，讓我隨時可以倚靠。它就像一個牢固的根基，讓我得以立足，一個我隨時可以回去尋找力量的中心。」他說：「如果工作上事情太多或壓力太大，我就會挪出五到十分鐘，做幾個呼吸練習，我的心便能恢復平靜。」

帕維特同時也發現靜坐會開啓緩慢思考之門。「這對工作上的創意很有幫助，因爲它能讓心更清澈、更平靜。」他說：「我經常發現靜坐能讓一個問題變得更清晰，有時也會讓好的構想浮現。」

其他靜坐方式所產生的結果也都大同小異。如今全世界有超過五百萬人在修練超覺靜坐（TM），這種簡單的技術每次只需十五到二十分鐘，每天兩次。雖然超覺靜坐是一位印度瑜珈大師創始於一九五七年，卻不受限於任何宗教傳統，也因此才能吸引羅德里茲（Mike Rodriguez）——芝加哥一位管理顧問——之類的人。「能夠讓心平靜下來，又沒有任何神鬼之說或宗教包袱，這個我喜歡。」他說。練習超覺靜坐之前，羅德里茲總是被工作的步調與壓力壓得喘不過氣。現在他覺得自己像個臨危不亂的企業戰士。「所有的事物——電話、email、客戶的要求等等——可能還是以一百五十公里以上的時速在我周圍狂轉，但我已經不再那麼容易跟著暈頭轉向了。」他說：「我就好像怒海中的一座寧靜島。」

羅德里茲也和帕維特一樣，感覺自己比較有創意：「我覺得我現在能為客戶想出更具創意的解決之道。只要讓你的心有機會放慢速度，它眞的可以產生一些好的想法。」

甚至有證據顯示靜坐能讓人快樂。二〇〇三年，威斯康辛大學麥迪遜分校的研究人員，為長期修行佛法的人進行大腦掃描，發現他們的左前額葉——也就是與愉快情緒有關的大腦區塊——異常活躍。換句話說，他們呈現比較快樂的生理狀態。有一個假設是：規律的靜坐會使左前額葉的活動量始終居高不下。

對於這些發現，霍佛（Robert Holford）並不感到意外。這位五十六歲的精神分析師每年都會在百忙中抽空，參加IMC在威特夏舉辦的十天靜修活動。其他時間，他也會盡量每天靜坐。靜坐讓他的心能更有自信地驅除灰暗思想。「心如止水有如自由的感覺。」他說：「就好像你同時坐在岸上與河裡——你投身於生活之中，卻同時又有更寬廣的視野。這會讓你感到更輕盈、更快樂。」

儘管先前抱著懷疑的態度，如今靜坐卻成了我的例行公事。我會在一天當中騰出幾個小空檔進行靜坐——每次大約十來分鐘——效果的確不凡。當我再回到辦公桌前，身心鬆弛了，頭腦也清晰了。雖然有些事很難衡量，但我覺得靜坐讓我更能留意到細節，更能享受當下時刻——更緩慢。

靜坐對身體也有益處。雖然從十七世紀笛卡兒以降，西方哲學傳統已經將身與心分隔開來，但這兩者顯然有所關聯。臨床研究顯示，靜坐可以使身體機能運作良好。逐漸也有愈來愈多醫師建議病患以此作爲對抗多種病症的方法之一，如偏頭痛、心臟疾病、愛滋病、癌症、不孕症、高血壓、腸道激躁症，甚至於憂鬱症。在美國一項爲期五年的研究發現，超覺靜坐修練者就醫的機率比一般人少了五十六％。

健身業者也發現身心之間的關聯，以及緩慢在維持身心健康中所扮演的角色。當然，緩慢運動的概念違反了現代的本色。二十一世紀的健身房是個充滿聲音與興奮的殿堂。在節奏強烈的音樂激勵下，衆人在跑步機上或有氧教室裡氣喘吁吁。我曾經看過一個健身教練穿了一件T恤，上面寫著：「要快，要猛，不要就回家。」換句話說，鍛鍊更強健的體魄的唯一方法，就是讓心跳速率衝上目標區最高點。

但果眞如此嗎？幾百年前出現於亞洲的運動養生之道，有許多便著重於放慢身體、安定心靈——這種結合比起單是在階梯踏步機上汗流浹背的好處更多。

慢動二：瑜珈

就拿瑜珈來說吧，這種結合肉體、心靈與精神的古印度養生之道，追求的是身心靈的和諧。「瑜珈」在梵語中是「結合」的意思。然而，西方人卻傾向於偏重身體的部分——呼吸的控制、緩慢流暢的動作、體位（梵語爲asanas）。瑜珈能讓身體產生奇蹟，鍛鍊並強化肌肉，增強免疫力，促進血液循環，增進柔軟度。

但身體的效益只是開端而已。許多東方的運動養生法教人將時間拉長，慢慢進入一種做好準備的放鬆狀態。即使像空手道、柔道與劍道等武術，雖然武者踢腿出拳快如閃電，卻仍得學習保持一個緩慢的核心。如果心急，如果他們感到焦慮急躁，就會變得脆弱。武術專家會透過自身內在的平靜，學習「放慢」對手的動作，以便更輕易地還擊。他必須內在緩慢，外在迅速。西方選手們稱之爲「進入狀況」。即便是快速地出招，他們仍能保持不慌不忙。約翰・布羅迪是昔日舊金山四九人隊的超級四分衛，當他談到在賽況最激烈時保持心境平和，口氣有如一名禪學大師：「時間似乎變得很慢，慢得有點怪異，就好像每個人都在做慢動作。我好像有大把大把的時間注視接球員跑出陣形，但我也知道防守球員正全速向我衝過來。」

瑜珈有助於達到那個平靜的核心。其目的是爲了維持一個人的「氣」——亦即生命動力或能量——讓它不受壓力、焦慮、疾病與工作過度所妨害。雖然有人將「氣」的概念斥爲神祕主義的噱頭，他們卻經常發現瑜珈有助於培養緩慢的心境。藉由受到控制而不匆促的瑜珈動作，可以更有自覺、更專注、更有耐心。

在一個渴望擁有平靜內心與完美身體的世界，瑜珈便成了神賜的禮物。現在，從辦公室與醫院到消防隊與工廠，到處都有人做瑜珈。最近的民調顯示，自一九九八年以來，練習瑜珈的美國人已經增加兩倍到了一千五百萬人左右，其中不乏職業運動員。每份報紙的休閒旅遊版總是充斥著海外瑜珈假期的廣告。我兒子在倫敦的托兒所也會做瑜珈練習。在許多健身房，瑜珈更取代了有氧舞蹈成爲首選的健身課程。就連最早期的有氧女王珍芳達，現在也製作了瑜珈錄影帶。

柯恩便將自己的健康與緩慢歸功於瑜珈。現年三十四歲、在華爾街擔任交易員的他，可說生活在快車道上。他的工作是不斷在刹那間做出決定，而他的休閒活動又剛好是時下兩種最快速的運動：籃球與曲棍球。從前他也和許多人一樣，不屑地認爲瑜珈是那些沒有運動細胞的文弱書生的嗜好。然而，當心儀的女子請他去上她的瑜珈課時，他還是硬著頭皮去了。第一天晚上，他愕然驚覺要將身體彎成某些體位竟如此困難，但做完之後感覺竟又如此輕鬆。雖然後來發現那名女子並不適合自己，他還是在住家附近找了另一間瑜珈教室。經過老師幾個月的指導，他變得柔軟許多，感覺自己更強健，姿勢也大有進步，甚至不再需要長期以來一直放在座椅上，如今都已磨損的腰墊。他還感覺到自己在籃球場與曲棍球場上的平衡感與速度都進步了。但關於瑜珈，柯恩最喜歡的卻是它放鬆、冥想的特質。「當我在做動作時，內心的一切都馬上跟著慢下來。」他說：「上完課後，我有種醺醺然的感覺，但腦子卻清晰無比。」這種感覺也瀰漫到其他的生活層面。「你眞該看看我現在工作的樣子。」他說：「事情一團亂的時候，我還是穩如泰山。」

瑜珈也讓柯恩放鬆進入緩慢思考模式。他經常帶著工作上的困擾進教室。接著，當他放鬆心情，慢慢地將身體往這邊彎、那邊彎，一個小時過後，解決之道可能便會忽然閃現。「我做瑜珈的時候，心思可能還下意識地活動著。」他說：「我有一些很棒的點子，都是在下課後走路回家的途中冒出來的。」

其他人談到瑜珈所帶來的能量，無不興致盎然。蒂爾在路易斯安那州紐奧良的一家美容院工作，原本每星期都會花四天到健身房上有氧舞蹈課，使用心肺功能區的器材。二○○二年，她和朋友去上瑜珈課，上完之後她立刻覺得精神百倍。「以前走出健身房的時候，多半都覺得筋疲力竭。」她說：「上瑜珈卻剛好相反——我獲得很大的能量，而且持續很久。」蒂爾於是取消了健身房會員資格，現在便靠著瑜珈、走路和騎腳踏車來保持身材。她瘦了將近三公斤。

慢動三：氣功

氣功是另一種東方運動養生法，其放慢身心的方式也漸漸吸引學習的人潮。有時被形容為「結合冥想與動作的瑜珈」的氣功，是一系列中國古代運動的通稱，藉由運功行氣來強身。習者站立，以骨盆作為支點緩緩移動，透過一連串的姿勢來伸展四肢。緩慢、深層的呼吸也很重要。氣功的重點並不在於加快心跳速度、汗流浹背，而在於控制與意識。氣功可以增進平衡、力量、姿態與律動感。它能讓人在活動的狀態中放鬆心情，效果甚至比瑜珈更明顯。氣功有許多派別，其中包括功夫之類的武術與緩和許多的太極。

在西方，一般人多半利用氣功來提升運動技能。霍爾在蘇格蘭的愛丁堡教授高爾夫與回力球，並以緩慢為口號。據他說，利用氣功安定心神之後，他能清楚看到朝自己飛射過來的回力球上的黃點。他的學生透過加以控制而緩慢的氣功動作，學習如何在回力球場上流暢地移動，而不致於手忙腳亂地到處追球。他們培養出一種平靜的心境，讓他們覺得有足夠的時間打任何一個球。「矛盾的是你要同時移動與靜止。」霍爾在電話中告訴我。

為了親眼見識這種矛盾，我特地安排時間去造訪他位於愛丁堡的回力球俱樂部。昔日的職業足球選手霍爾，現年四十五歲，身材結實，淡茶色頭髮，有點口齒不清。我到的時候他正好快要下課。在眾人當中，他特別醒目。當其他人在場上亂揮亂打，只有霍爾移動得流暢優美，像個探戈舞者。即使衝上前去勉強回擊，仍有如行雲流水。我不由想起F1賽車名將史都華（Jackie Stewart）那句反直覺的忠告名言：「有時候要慢下來才能更快。」

下課後，霍爾帶我做了幾個氣功練習，並不斷提醒我想著動作、保持流暢。他一再強調，軀體和心裡都要保持一個固定的中心。「大多數人打回力球的問題並不在於不夠快，而是不夠慢。」他說。這話聽起來有點老套，不禁激起我的鬥志，打算在最後上場賽球時贏他一兩球。但從第一局開始，我便發現自己始終處於劣勢。霍爾幾乎不費吹灰之力滿場飛奔。最後他以九比二贏球。

後來，他的下一個學生來了，名叫休斯，是個七十二歲的商學教授，身體異常硬朗。他告訴我氣功如何幫助他克服始終改不掉的匆忙習慣。他說：「事情不可能一夕之間改變，但是跟霍爾上課卻讓我的回力球技術出現奇蹟。我不再像以前那樣亂衝亂撞。」氣功也幫助他減少一些匆忙的工作習性。在諮詢方面，從前休斯總是急著告訴客戶該怎麼做。在課堂上，他會劈哩啪啦地講課一面瞄時鐘。現在多虧了氣功，他終於放慢速度，也就是說不管時間多少，都以適當的速度教導學生，並等候適當時機與客戶討論他們的弱點。「如今我不再盲從於第一個反應，也就是不再立刻動作，而會慢下來，讓自己有空間思考該做什麼選擇。」休斯說：「我相信這麼做讓我變成了更稱職的教授與顧問。」

早上，打過一面倒的回力球賽之後，霍爾帶我到附近一個高爾夫球場揮揮桿。典型的愛丁堡天氣，下著毛毛雨的陰雨天。霍爾看我用九號鐵桿打了幾球之後，我們一起做了一些氣功。霍爾再次提到保持內心平和安定的重要性。他還說根據研究顯示，揮桿太快其實反而會讓球桿打到球的時候減速。較慢、較有節奏的揮桿能產生更好的控球效果與更大的力道。我拾起九號鐵桿，決定照他的話試試看。果然馬上就感覺到揮桿更順暢、更有力。

稍後，我比對了蒙哥馬利的說法。他現年五十歲，是蘇格蘭法律協助委員會執行長，已經打了一輩子高爾夫球。他剛開始跟隨霍爾上課時，對於氣功與所謂駕馭緩慢力量的說法半信半疑。六個月後，出乎他意外的是，他的差點幾乎減少了三桿之多。「氣功會讓你在時間控制與節奏上有不同的感覺。」他說：「我通常做什麼事都很急——這是我的個性。不過放慢速度的確讓揮桿順暢多了。氣功讓我學會不要急，也讓我將高爾夫打得更好。」

緩慢、細心的運動形式並不只源於東方。一九三〇年代在英國，皮拉提斯（Joseph H. Pilates）發明了一種健身法，以三種帶有濃厚瑜珈色彩的原理爲基礎：動作精準、專注與呼吸控制。現代的皮拉提斯教室教導人利用特殊的運動，強化脊椎週邊的核心肌肉，藉此增進柔軟度、耐力與調整不當姿勢。雖然不是以心靈或冥想傳統爲根基，皮拉提斯仍有助於強化專注力。美國高爾夫球明星老虎伍茲便是修習皮拉提斯與靜坐。

在此同時，西方運動科學家也開始贊同「放慢速度後運動效果較佳」的觀念。我們運動得愈劇烈，心跳得愈快，燃燒的脂肪也愈多。可是一旦超過一定程度，愈快愈好的公式便不再成立。伯明罕大學的研究員亞克頓博士（Juul Achten）發現，當我們心跳速度到達極限的七十%至七十五%，每分鐘可燃燒最多脂肪，後來有其他研究也證實這個結論。一般人快走或輕鬆慢跑便可達到該狀態。如果運動得更劇烈，心跳逼近極限，身體便會開始消耗更多碳水化合物作爲補給。換句話說，在階梯機上賣力踏得心跳怦怦的運動狂所燃燒的脂肪，恐怕比害羞地躲在一旁慢慢運動的人還要少。這點也可以龜兔賽跑來解釋。「兔子跑得比較快，看起來好像比較有勝算。」亞克頓博士說：「但在脂肪燃燒的競賽中，我會把賭注押在烏龜身上。」

慢動四：步行

有了這樣的背景，步行——最古老的運動形式——於是東山再起。前工業時代裡的人到哪裡多半都是走路，也因此很健康。後來發明引擎動力，人們也變懶惰了。走路於是成了最後逼不得已的交通方式，世界衛生組織稱之爲「被遺忘的藝術」。

然而，我們在上一章提到過，現在全世界都在重新設計規劃郊區與市中心，提供更多行路空間。我居住的倫敦溫茲沃斯區（Wandsworth）在不久前，剛剛展開自己的「徒步策略」。走路有很多好處。第一是免費：你不用上課或聘請個人健身教練來學習如何在公園散步。許多開車的行程，其實用走路也一樣容易——有時候甚至更容易。走路能促進身體健康，預防心臟疾病、中風、癌症與骨質疏鬆，而且比其他較激烈的運動更不容易引起運動傷害。

走路還能幫助沉思，培養緩慢的心境。步行時，我們會留意週遭的細節，例如小鳥、樹木、天空、房屋店舖、其他人。我們會因此建立聯繫。

走路甚至有助於紓解加速的渴望。無論在汽車、火車或飛機上，引擎隨時都能提供更大的動力與速度，我們不由得會有加速的衝動，若稍有拖延便會視爲個人的恥辱。由於我們的身體有內建的速限，因此走路能讓我們學會忘記加速。這是天生的緩慢。引用美國環保界頑童愛德華・艾比（Edward Abbey）的話說：「走路其實有一些優點……例如，除了爬行之外，走路比其他任何形式的移動要花更多時間。因此它會拉長時間、延展生命。人生苦短，不該再浪費在速度上……走路讓世界變得更大也更有趣。你會有時間觀察細節。」

關於這點，波柏斯基絕對舉雙手贊成。這個二十五歲的年輕人從前總是騎著他的速克達，到倫敦市區的旅行社上班。後來到了二〇〇二年，機車第三次被偷之後，他便決定嘗試步行上班。現在，他每天花二十五分鐘上下班，路線穿越海德公園，讓他可以好好思考。他會向路過的人微笑，也感覺與都市有更親密的聯繫。波柏斯基不再像以前穿梭過尖峰車潮，神經緊繃地來到辦公室，而是悠閒地踱步進來，準備開始一天的工作。「走路是我的冷靜時間。」他說：「它讓我爲上班做好準備，也讓我在下班後放鬆下來。」此外，也有益健康。自從開始走路以後，波柏斯基覺得自己更健康也變瘦了。「我永遠不可能成爲卡文克萊內衣廣告的模特兒。」他苦笑著說：「但至少我的啤酒肚漸漸變小了。」

慢動五：SuperSlow（慢速舉重）

至於最新流行的緩慢運動，只需看看橫掃北美與其他國家的舉重運動 SuperSlow（超級緩慢）就行了。不過，在你跳到下一章之前，我們先要導正一個錯誤觀念：舉重不會讓每個人都變成綠巨人浩克。SuperSlow 讓一般人變強壯、變瘦，卻不會累積大塊肌肉。

而且由於肌肉所佔的空間比脂肪少三十%，很多人開始舉重之後，衣服還小了一兩號。被喜愛美貌勝於肌肉的讀者奉爲聖經的 *Vanity Fair* 時尚雜誌，將 SuperSlow 列爲二〇〇二年最熱門的運動之一。《新聞週刊》、《男性健康》雜誌（*Men's Health*）、《女性運動畫刊》（*Sports Illustrated for Women*）與《紐約時報》，也都趕搭上這班流行列車。

我第一次仔細檢視媒體的報導時，讚揚之熱烈讓人覺得好得太不眞實。以傳統的速度舉重從來沒有對我或我認識的任何一人，產生如此大的效用。難道慢下來眞有這麼大的差別？

SuperSlow 運動的總部隱匿在佛羅里達奧蘭多機場附近，一個不知名的商店街裡。當我來到這裡，賀欽斯（Ken Hutchins）——一九八〇年代初期創立 SuperSlow 的人——正在電話上，向一個西雅圖人解釋如何成爲合格教練。我正好利用這段時間仔細看了看掛在辦公室牆上，練習前後的對比照片。留著落腮鬍的中年男子泰德，十週內腰圍小了六吋。三十多歲的安妮不到三個月時間，大腿瘦了七吋。這些都是醫學教科書上使用的那類不加修飾的寫實照片——沒有噴霧、沒有燈光效果、沒有修片。我看了覺得安心了些。這表示 SuperSlow 的風行是因爲有實際效果，而非憑著油嘴滑舌的行銷技巧。

賀欽斯本身身材高大，有著四星級上將的挺拔英姿（他曾擔任美國空軍的外科技術士），很健康，卻沒有糾結的肌肉。我們坐到椅子上，開始談起「快還要更快」的瘋狂文化。「現代人總以爲事情做得慢，就代表不認眞、沒有效率——對運動的想法也一樣。」賀欽斯說：「大家都覺得除非像有氧運動那般地手舞足蹈，否則根本沒有用。但事實正好相反。緩慢才能讓運動發揮最大效用。」

該怎麼做呢？學習 SuperSlow 的人要花二十秒鐘舉起然後放下啞鈴，平常人卻只花六秒鐘。緩慢會使你的勁頭消失，迫使肌肉運動直到完全疲乏，相對地也促使肌肉更快速、更徹底地重建。舉重還能使骨骼更強健、更密實，可說是老少咸宜的上天恩賜。《運動醫學與健康體能期刊》（*Journal of Sports Medicine and Physical Fitness*）於二〇〇一年六月發表的一份研究報告指出，SuperSlow 增加的肌力比傳統舉重訓練多出五十%，至少短期內是如此。但力量只是其中一環。鍛鍊肌肉也是減肥的好方法，因爲這麼做能促進身體新陳代謝，讓它一整天下來燃燒更多熱量。練出一點肌肉，不要暴飲暴食，脂肪就會開始減少。

SuperSlow 還有一個附加好處就是不花時間。由於運動十分激烈，每次絕不會超過二十分鐘。初學者在每堂課之間要休息三至五天，較有經驗的人還要休息更久。因爲幾乎不流汗——教室裡有風扇，不會太熱——許多 SuperSlow 學員都直接穿著上班服裝運動。放慢的結果卻反而變快了，而且更安全：由於動作平緩、受到控制，SuperSlow 將受傷的機率降到最低。

除此之外，SuperSlow 運動還能爲健康帶來一連串好處，如增加好的膽固醇ＨＤＬ，以及強化關節並使關節更靈活。賀欽斯聲稱，SuperSlow 便足以讓一般人保持健康強健的體魄，再做其他運動都只是有害無益。光只是提到「心肺運動」一詞，就見他翻白眼。但這點並非人人認同。美國心臟協會與美國軍醫署便都建議肌力訓練與傳統有氧運動應該同時進行。

儘管 SuperSlow 缺乏確切的臨床研究，坊間的例證仍吸引了絡繹不絕的學習人潮。據說在美國，除了專業與大專院校運動代表隊之外，特種部隊、ＦＢＩ、警察與護理人員，也都會在訓練中加入 SuperSlow 的理論元素。醫師與物理治療師對此更是興致勃勃。在整個北美，SuperSlow 健身房正逐漸吸引社會各階層人士前來，有退休人士、有整天守著電視動也不動的青少年、有成天埋首工作的雅痞，也有富家少奶奶。幾乎每天都有人打電話到奧蘭多總部，詢問如何成爲合格教練，開設的教室更遍及澳洲、挪威、印度、以色列與臺灣。

SuperSlow 爲什麼要花上二十年才能成爲主流呢？也許因爲它很難令人喜愛。第一，舉重比較不能像其他運動那樣釋放大量腦內啡。再者，以蝸牛般的速度舉重更叫人痛苦萬分。如果你中規中矩地照著 SuperSlow 的方式運動，執勤的感覺可能多於愉悅。聽聽看賀欽斯如何形容完美的 SuperSlow 教室：「……盡量不引發雜念的設備搭配淡色牆壁，沒有音樂，沒有植物，沒有鏡子，沒有交談，黯淡的燈光，持續通風，保持低溫、低溼度……理想環境不可或缺的另一要素是絕對冷靜的態度。」

會談結束後，賀欽斯引導我進入教室做一段 SuperSlow 運動。涼爽、安靜、空蕩蕩的房間，就像矽晶片工廠一樣冷漠。賀欽斯手裡拿著寫字板和馬錶，要我到一架腿部推舉機前坐下。我才試圖要開口閒聊，他馬上厲聲斥責：「我們不是來交際的。你只要根據我的問題回答是或不是就行了。」我只得閉嘴，開始推舉。起初重量似乎很輕，但由於姿勢一直持續，便開始感到重得難以承受。第二次重複到一半，我的大腿已經開始顫抖，肌肉也出現前所未有的灼熱感。我直覺就想加快速度，趕緊結束，但賀欽斯卻不允許。

「慢一點。」他喝道：「別緊張。靜下心來，要記得呼吸。集中精神就會簡單一點。」重複六次之後，我的大腿肌肉已經完全無力。接下來的三具機器，分別對我的二頭肌、小腿與胸肌施以同樣的酷刑。「總共花了十五分鐘又三十秒。」賀欽斯按下馬錶說：「你覺得如何？」筋疲力盡。渾身無力。隨便你怎麼說。我雙腳軟綿綿的，口乾舌燥。但這是一種新奇的運動疲倦——不是心跳加速或氣喘如牛，甚至沒有流汗。幾分鐘後，我踩著輕盈的腳步走回車上。

駕車離去時，我問自己：還想再做一次嗎？老實說應該不想。結果也許很驚人，但這整個感覺實在太——就引述賀欽斯的話吧——冷靜了。不過，我看過一些報導，據說其他 SuperSlow 教練採取的方式比較緩和。好奇之餘，我跳上飛機前往紐約一間人氣極旺的 SuperSlow 教室去瞧瞧。

這家「終極訓練中心」位於曼哈頓市中心麥迪遜大道某棟大樓的七樓，看起來比較像傳統健身房：牆上有鏡子，音樂具有音響效果，還聽得到說笑聲。老闆阿貝托紮了一根馬尾，笑臉迎人。高高的書架上擺滿健美雜誌，正後方便是服務臺，服務臺旁邊的窗臺上方有一張他與阿諾史瓦辛格的合照，掛在最醒目之處。阿貝托有著超級英雄的體魄，並參加過健美先生競賽，可是他的訓練方式本身卻採極簡主義：每個禮拜做一次 SuperSlow 運動——僅此而已。「大家都覺得難以置信，但你需要的就是這樣而已。」他告訴我。

然而，「終極訓練中心」並非肌肉男的朝聖之地。阿貝托的顧客幾乎全是曼哈頓的專業人士。早上八點半，第一個上來的是一位中年的工程律師奧斯本，他練習 SuperSlow 已有三年。他從更衣室出來，只穿著白色背心和藍色短褲。除了小腹微突之外，看起來十分健康。阿貝托把他綁在一架腿部推舉機上，就像我在賀欽斯那裡試過的那種，課程隨即開始。整個過程中，奧斯本不斷嗯嗯啊啊、表情糾結。他的呼吸加速，眼睛圓瞪，雙腳微微顫抖。我都可以感受到他的痛苦。阿貝托提醒他不要企圖利用加速逃避：「慢一點，馬上放慢，不要急。」情況就這麼繼續著。大約二十分鐘後，奧斯本重新穿上鐵灰色西裝，告訴我 SuperSlow 如何幫助他減重四點五公斤、紓解長期背痛之苦，並使他精力充沛。「我覺得好像換了一個全新的身體。」他說。我靈機一動，問他非常緩慢地舉重是否也有益於心理層面，是否讓他學會以緩慢的心境面對奔波忙碌的紐約生活。他喜形於色地說：「我開始做 SuperSlow 並不為這個，但這的確是好處之一。我在這裡獲得一種冥想的平靜，而且持續一整天。如果有重要會議或需要開庭，我還是一定會做 SuperSlow 運動，這樣才能保持專注、思路淸晰，不致於失控。」奧斯本最近打贏了一場非常棘手的官司，其中至少有些許功勞得歸於緩慢舉重。「即使事情變得亂七八糟，就像審訊期間那樣，我還是覺得專注而平靜。我能有餘力應付當事人、法官與對造的辯護律師。」他說：「再加上身體也變得強壯，SuperSlow 的確讓我在法庭上的表現更出色。」

這是相當有力的背書。阿貝托的其他學員也能如此熱中嗎？是的，結果確實如此。奧斯本回辦公室後，五十五歲的管理顧問馬里諾告訴我，SuperSlow 在九個月內讓他的體脂肪驟降將近五十%。他高大、健美，一身古銅膚色，彷彿剛從男性服裝雜誌頁面走出來似的。和奧斯本一樣，他也將 SuperSlow 視爲疫苗，用來對抗紐約人凡事急迫的天性。「我匆忙的生活型態絕對有因此變得緩和一些。」他說：「如果生活上遇到大問題，我第一個反應總是企圖衝過去，愈快解決愈好。現在我會比較心平氣和地面對事情，這對諮詢工作很有幫助。」

一個接著一個學員說的都是關於他們更強壯、更結實、解除了痛苦的身體，並且有不少人說 SuperSlow 讓他們獲得內心的平靜，因而能在曼哈頓的紛亂中保持冷靜。從任何一個角度看來，SuperSlow 就是一個慢字。

感謝阿貝托提供協助之後，我搭著電梯下樓。外頭的人行道上，有一位梳著高貴髮型、穿著時髦的女子，正用手機熱烈地談論著 SuperSlow。我假裝在袋子裡翻找東西，順便偷聽一下。「我保證，你一定會喜歡的。」她對著話機低聲說：「緩慢就是新式的快速。」

6 慢療：傾聽的醫病關係

時間是最佳良藥。

——十四世紀英國俗諺

現在所在位置是倫敦的雀兒西西敏寺醫院。我右下肢已疼痛多時，今天來看醫生。雖然腫脹不舒服的情況已經數月，我的心情卻還是很好。這家醫院與我頗有淵源——我兩個小孩都是在這裡出生——而且骨科的名氣也是全英國數一數二。

候診室擠滿了人。有人拄著枴杖一跛一跛地從洗手間走到雜誌架再走回來，有人在座位上小心翼翼地動來動去，也有少數幾人被困在輪椅上。通往診間的門上方，有一塊電子告示板顯示醫師看診已經比預定時程晚了四十五分鐘。我埋首在一本過期的《柯夢波丹》雜誌，幾乎沒有注意到病患來來往往。

叫到我的時候，服務員帶我進入檢查室，有一名年輕的會診醫生正在桌旁等著。我一看到他，心立刻往下沉。他的一切，包括領帶上的咖啡漬，都像是在說：快點！他嘟嚷一聲招呼之後，立刻切入一大串的詢問。哪裡痛？什麼時候開始的？什麼時候痛？他要的是簡潔快速的答案。每當我想多加解釋，他就馬上打斷，並以更堅定的口吻再問一遍。我們於是爭論起來。我想為自己的傷建立全貌——運動習慣的改變、如何引發疼痛、止痛藥與伸展運動的影響、對我的姿勢的影響——但這位急性子醫師卻只想在格子裡打完勾之後換班。簡單的身體檢查期間，他瞄了他的錶——兩次。由於無法確認疼痛原因，他要我繼續吃止痛藥，並讓我接受核磁共振掃描與驗血。我還有問題想問，但時間已到，就此留下中斷問診的不良記錄。

應急的醫療文化

想必很多人都知道這種感覺。在世界各地的醫院診所，醫師都有壓力必須快速解決病患。在英國公立醫院，由於健保負擔過於沉重，一般家庭醫生的看診時間大約是六分鐘。即使在財源充裕的私立醫院，醫生也難免深受匆忙病毒之害。呼叫器讓他們隨時提高警覺，有部分人士稱之爲「呼叫器醫學」，結果便造就一種應急的醫療文化。一般醫師通常不會花時間聽患者說話，不會全盤了解他們的健康狀況、心態與生活型態，而只是一味針對病症。第二步則是求助於科技——掃描、用藥、手術。這些全是因爲行程緊湊只求快速見效，而病患也成了匆忙中的共犯。在一個分秒必爭的世界裡，每個人都希望——不，應該是預期——自己的病能盡快診斷、治療、痊癒。

當然了，速度在醫學上經常是生死交關的問題。我們都看過「急診室的春天」。如果不及時割除發炎的盲腸、爲子彈傷口止血，或是注射胰島素，病患就會死亡。但醫學也和其他生活領域一樣，更快不一定更好。如今許多醫師與患者都漸漸了解，緩慢經常會更有益。

快速醫學的反彈聲浪愈來愈高漲。各地的醫師一再要求給病人多一點時間，醫學院也更加強調以談話與傾聽作爲診斷工具。現在愈來愈多研究顯示，耐心常是最佳策略。以不孕症爲例，如果婦女在努力一年後仍未懷孕，醫生通常會建議進行風險極高的人工授精。但二〇〇二年在歐洲七個城市所作的一項研究發現，一年其實不夠。如果再多等十二個月，大多數健康的婦女都會懷孕。的確，這項研究發現將近四十歲的婦女如果另一半也不到四十歲，有九十%的人會在兩年內懷孕。

正視另類療法

由於對正統醫療感到失望，有數百萬人轉而求助於以和緩、整體性的治療爲主的輔成醫學（CAM，或稱另類療法）。這類療法在許多開發中國家仍相當盛行，其範圍極廣，從傳統中醫與印度阿育吠陀到阿拉伯的蓋倫醫學，均涵蓋在內。其中最知名的有順勢療法、草藥學、芳香療法、針灸、按摩推拿與能量療法。此外，骨療與整脊也同樣被視爲另類療法。

另類療法能治療到什麼地步至今依然備受爭議。對於其安全性與療效，仍難有科學佐證。持懷疑態度的人爲數不少，他們將另類療法視爲以蠟燭與水晶裝飾起來的江湖騙術，還說就算有效也只是心理作用：患者相信自己會痊癒，因此便痊癒了。然而，醫學團體卻開始對另類療法投以前所未見的關注。全球的正統醫療院所與研究機構開始對傳統療法進行嚴厲的審查，雖然判決結果尚未定案，初期的證據卻顯示另類療法確實有效。例如，許多醫師都同意針灸能夠消除疼痛與噁心，但卻無法作出明確的解釋。

專家們還在實驗室裡尋求科學證據之際，老百姓已經以行動表決了。全球另類療法的市場每年有超過六百億美元的行情。目前在北美約有一半人口會尋求主流醫療系統以外的管道，在另類療法盛行的德國，則有將近八十％的疼痛門診會提供針灸治療，而在英國，另類療法師的人數已經超過一般家庭醫師。在家鄉得不到自己想要的治療的西方人，也開始蜂湧至中國與其他以傳統醫學聞名的國家。現在北京有一家醫院便爲外國人另闢診間，還有其他醫院提供旅遊套餐——參觀萬里長城外加一名中醫師看診。

整合醫學：正統與另類

不過，無論再怎麼熱中於另類療法的人，也不認爲這種療法可以——或應該——完全取代西方傳統醫療。有一些情況，諸如感染與外傷等等，以正統方式治療還是比較好。即使在中國，也不輕易見到中醫師治療車禍傷患。另類療法的支持者宣稱其最明顯的療效，正好是西方醫學不足之處：例如處理氣喘、心臟疾病、背痛與憂鬱症等等慢性疾病。目前的趨勢是結合最有效的西方醫學與另類療法，創造出一種全新的「整合醫學」體系。在所有已開發國家的正統醫學院中，另類療法課程已經迅速增加，而整合醫學中心也已在哈佛、哥倫比亞與杜克等美國名校竄出。二〇〇二年，世衛組織發起一項全球運動，將最好的另類療法與主流醫學搭配起來。

海爾診所（Hale Clinic）是歐洲整合醫學的先驅之一，位於倫敦市中心攝政街上，佔地四個樓層。一九八七年剛開幕時，這間診所被新世紀人士視為避風港。如今卻有從公司管理階層到化學老師等各式各樣的人，前來接受針灸、芳香治療，或平衡能量。老老少少的顧客或是在地下室書局瀏覽相關書籍，或是排隊等候進入診療室接受草藥或順勢治療。「一開始，另類療法被視爲怪異、革命性的東西，只有叛逆的人才會嘗試。」診所創辦人泰瑞莎·海爾說道：「現在這種療法已經進入主流，甚至有醫院將病患轉診過來。」海爾診所的上百名人員當中，有一些受過正統訓練的醫生，其中包括幾位家庭醫師。二〇〇三年，倫敦某家醫院還邀請該診所的治療師去協助治療癌症患者。

另類療法之所以吸引人，有一部分是因爲它會避免應急的做法，將患者當作人來看待，而不是一堆病症的集合體。另類療法多半具有緩慢的本質，與人的身心協調，以誘導而非強迫的方式來治療患者。治療的重點通常在於放鬆，藉此降低血壓，減輕痛苦、焦慮與憂鬱，並促使患者以平衡的步調生活。在海爾診所，各類療法的治療師都鼓勵病患放慢腳步——少一點工作，吃東西悠閒一點，靜坐冥想，多與家人朋友相處，培養沉思的興趣，或只要每天找個時間到公園走走。

大體而言，另類治療師所花的時間絕非主流派醫師所能及。順勢治療師可能在一個病患身上花兩個小時，建立關係、專注傾聽、仔細檢視病人的回答以便過濾出病根。按摩推拿與針灸治療通常需要一個小時，這段時間治療師也會與患者交談、碰觸患者。聽起來或許沒什麼，但在現代社會裡，每個人隨時隨地都很匆忙，人與人之間更絕少有眞正的聯繫，些許的溫柔關懷可是大有幫助，甚至可能啓動自體治療機制。套用英國心理諮商師柯琳絲的話說：「當你給予病患時間與關注，他們就可能因爲放鬆而痊癒。」

健康的心靈寓於健康的身體

學術研究結果似乎也證實了這一點。在美國一項研究調查中，有一名心理治療師與家庭醫師合作，問診時在一旁仔細傾聽，並提出比一般症狀檢核表更深入得多的問題：你對於自己的病有什麼感覺？患病之後對週遭的人有何影響？病患喜歡受到關注，有些甚至連長期的病症都復原了。這又回到身心之間的關係。上一章我們提到了，較緩慢的運動形式可能造就羅馬人所謂的「mens sana in corpore sano」（健康的心靈寓於健康的身體）。現今的醫學界已經逐漸贊同整體論的觀點，認爲人的心理狀態可能影響身體健康。而當你一旦認同病患是一個有情緒、有苦惱、有話要說的人之後，照著症狀檢核表問診然後開處方籤的模式便再也不夠。你必須花時間傾聽。你必須建立聯繫。

主流醫學已經開始多方接納「緩慢」。其一，利用放鬆來治療的意願提高了。爲了幫助病患放鬆心情，愈來愈多醫院引導患者從事和緩的活動，如園藝、繪畫、演奏、編織以及與寵物玩耍。其二，承認了大自然的療效。德州農工大學最近的一項研究發現，從病房窗戶若能看到綠地，手術後的病患復原較快，使用的止痛劑也較少。因此不少醫院開始設置戶外庭園，重建病房，以提供更充足的陽光以及植物與草地景觀，並且在院內的電視頻道上播放海豚在海中戲水，或陽光斑爛的林間流水潺潺的影片。

目前，接受緩慢治療方式的正統醫師人數愈來愈多。有人利用靜坐、瑜珈與氣功來治療癌症、腕管症候群、退化性關節炎、糖尿病、高血壓、氣喘、癲癇與精神疾病。也有人利用 SuperSlow 舉重來爲心臟病與骨質疏鬆的患者進行復健。現在有許多家庭醫師建議病患接受整脊、針灸、整骨、草藥與順勢治療。雖然另類療法通常需要較長時間，但有時候緩慢的方式反而能更快見效。想想這兩個敵對的陣營會如何治療脊椎神經受壓迫的痛楚。西方醫師很可能馬上開出消炎藥，但這得需要一點時間才能發揮藥效。然而阿育吠陀治療師利用穴道按摩法，卻能立刻消除疼痛。

有些主流醫師則更進一步重新接受另類療法的訓練。凱瑟琳・瓦森便是一例。她原本在一家藥廠擔任開發治療免疫系統新藥的研製技術員。然而，在實驗室多年之後，她漸漸看破了正統醫學的壓制式療法。西方藥劑經常是針對疾病症狀猛攻，治標不治本，有許多還會產生附帶傷害，結果甚至需要更多藥物來治療副作用。「我只是覺得一定還有其他方法。」瓦森說。一九九九年，她辭去藥廠的高薪工作，開始研究西方草藥學。由於許多現代藥品都源自自然藥草，因此她的背景讓她起步很快。瓦森現在在她位於倫敦近郊的家鄉赫佛郡（Hertfordshire），開了一家草藥治療館，經營得有聲有色。她的專長是治療皮膚與消化問題。有時她只以草藥湯劑治療，有時則會配合正統醫學，例如氣喘的毛病。不過，瓦森對於每個病患都採取緩慢治療方式。第一次看診，通常至少會花一個小時，並且讓病患明白她的治療需要時間。「有時候很快便見效，但草藥通常是一點一滴地消除疾病，作用很慢。」她說：「一般說來見效比正統醫學慢，但最後的效果卻是出人意料，而且沒有藥學界屢見不鮮的副作用。」

其實另類療法常常是接受西方醫學治療失敗的患者，最後不得不求助的對象。二十七歲的妮可・史托克是倫敦一位廣告經理，她曾一度飽受經痛折磨。每個月，荷爾蒙總會出問題，常因熱潮紅在三更半夜醒來，以致於白天便出現慢性疲勞。加上情緒起伏很大，根本無法工作。最後，醫生開始讓她吃避孕丸，這是治療經痛常用的方法。多年來，避孕丸一個牌子換過一個牌子，問題始終沒有解決，還引發副作用。這些藥讓她覺得胃和雙腳好像裝了砲彈似的，有時幾乎無法行走。「我覺得我都快瘋了。」她說。當掃描甚至於檢查手術都無法查出病因，醫師也幾乎無動於衷，還對她說所有的女人都有經痛問題，唯一能做的就是準備一個熱水瓶然後好好休息。「他們讓我覺得自己只是在無病呻吟，只是在浪費他們的時間。」她說。

絕望之餘，史托克經朋友介紹去找了針灸兼草藥治療師羅倫斯。這是她第一次接觸另類療法，但羅倫斯輕鬆、整體性的治療方式立刻讓她感到安心。第一次問診持續了一個多小時，史托克說了又說，說了又說，不只提到她的症狀，還提到她的飲食、事業、心情、社交生活與嗜好。羅倫斯想要有全盤的了解。史托克感覺到終於有人肯聽她說話了。療程本身和基本醫學可說相差十萬八千里。爲了重新導正並重新平衡她體內的能量線路，羅倫斯在她的小腿下方與手腕處扎了密密麻麻的針。他要她不能再吃乳製品，並爲她製作一些包含野生薄荷、歐白芷根與甘草等十多種藥草的膠囊。主流醫師對這些方法或許會付諸一笑，但其療效卻是千眞萬確。第一次約診之後，史托克覺得多年來的緊繃已稍有舒緩。做了十二次療程後，經痛幾乎已完全消失，她的生活也完全改觀。「我現在已經變了個人。」她說。

史托克和許多求助於非正統醫學的人一樣，認爲另類療法同時治癒了她的身與心。現在的她比較不容易焦躁，也比較能應付壓力大、節奏快的倫敦生活。「你知道當你有一萬件事情要做，卻又不知從何做起，那種無力又氣憤的感覺嗎？」她說：「不過現在已經好多了，我冷靜得多，思緒也清晰得多。」

另類但專業

然而，只要另類療法繼續遊走於醫學邊緣，病患就可能隨時踩到誤診的地雷。有太多江湖郎中爲了利用另類療法風潮大賺一筆，便以「整體」治療爲名，其實卻只是濫竽充數。至於日式指壓或印度的阿育吠陀按摩技術都需要學習多年，如今未經專業訓練的美髮師卻用來作爲額外服務。通常，不當使用另類療法頂多只是花錢又浪費時間，但有時候也可能眞正造成傷害。據某些研究指出，使用於憂鬱症的藥草貫葉金絲桃，可能干擾治療癌症和愛滋病毒的藥物。另外有些另類療法藥劑的販售很容易混淆視聽：在中國，麻黃一向用來治療短時間呼吸困難的問題，但不少美國公司卻將它標榜爲營養補充品與提神良方。結果便引發一連串死亡、心臟病發與中風的案例。

幸而法令制度已慢慢進入這個被部份人士視爲醫學界「西部蠻荒」的領域。政府開始針對某些另類療法訂定專業守則並設定最基本的標準。二〇〇一年，英國終於成立骨療師的正式審查制度，美國也有十來個州通過自然療師的證照法令，範圍包括從順勢療法到草藥療法等各式各樣的另類療法。有評論家警告，將另類療法「制式化」可能扼殺醫學創新，因爲即使再古老的醫療傳統也仍不斷地發展演變。即使如此，有了官方的認證還是有好處，尤其又能由公家掏錢。

目前，接受另類療法的民衆多半是自掏腰包，而且不少療程都不便宜。在倫敦，做一次針灸的費用就可能超過六十美元。要說服國家付錢並不容易，此時醫療費用飆漲，政府根本無意再擴增新的醫療給付，更何況是那些缺少科學根據的治療。因此另類療法經常被視為奢侈品而非必需品。值此經濟困難時期，德國的醫療保險制度也減少了另類療法的給付範圍。

但至少某些另類療法由公家出錢，反而可能更符合經濟效益。首先，另類療法可能比正統療法便宜，例如指壓療程也許能解決背痛問題，因而省下昂貴的手術費用。目前在德國，有一半以上的憂鬱病例都以貫葉金絲桃治療。研究顯示，草藥的副作用比抗憂鬱的處方用藥少，而且每天只需二十五分錢，比百憂解便宜多了。

此外在其他方面，另類療法也可能降低醫療預算。許多治療師所採用的整體身心療法乃是著重預防，這比治療便宜。而且另類療法似乎特別擅長於治療慢性疾病，在工業化社會中，這類疾病硬是佔了所有醫療費用七十五%左右，光是美國每年的總額就將近一兆美元。

各國不得不開始精打細算。在國家醫療體系財務嚴重吃緊的英國，醫院已經開始支付芳香療法、順勢療法與針灸等治療費用。大約有十五%的美國醫院也提供某種形式的另類療法。二〇〇三年，有兩名自然療師首度被任命為委員，參與決定美國醫療保險將給付哪些療程。

現在許多私人公司則將另類療法納入公司的福利制度。微軟公司出錢讓員工去找自然療師。而在大西洋兩岸的各大保險公司，也開始給付愈來愈多的另類療法費用。其中以脊骨治療最多，但也有不少民間保險業者提供順勢療法、腳底按摩、針灸、生理回饋、按摩與草藥治療的保險給付。目前美國有六七個州規定業者的承保範圍至少要涵蓋一部分另類療法。至於歐洲的保險公司已經爲定期靜坐者提供較低保費。

然而，保險公司的認同並不是另類療法確實有效的唯一保證。海爾診所的卡蕾妲實施一種非常慢、非常溫和的靈氣療法，是將雙手置於身體上方來引導體內的能量，其目的在於與病患一起啓動他內在的治療力量。雖然保險公司迴避了靈氣療法，美國卻已經有一百多家醫院提供這項治療，更有大批大批的人願意自掏腰包來找卡蕾妲。

佛瑞絲便是在二〇〇三年轉而向她求助。這名五十五歲的婦女被診斷得了乳癌，兩邊乳房都必須切除。她想起十年前父親因手術過世，不由得陷入恐慌，腦海裡出現的全是一個個悲慘的畫面。爲了讓自己平靜下來，讓身體做好開刀的準備，佛瑞絲便向卡蕾妲預約門診。

除了靈氣治療，卡蕾妲還結合其他治療與放鬆的技巧。一開始她先引導病患做深呼吸，然後利用引導式冥想幫助他們想像大自然的寧靜畫面。「都市人對於這種與大自然的聯繫反應特別好。」她說：「他們眞的可以平靜下來。」

經過卡蕾妲的五次療程之後，佛瑞絲的焦慮消除了，她帶著祥和的感覺進入醫院。躺在病房等候開刀之際，她一一做著深呼吸、冥想與觀想的練習。工作人員來推她到手術房時，她確實是面帶微笑。她說：「我眞的覺得好輕鬆，好像這時候要做什麼都可以。」

手術過後，在倫敦經營養老院的佛瑞絲恢復神速，醫院的醫護人員還爲她起了「女超人」的綽號。除了最初的些許劑量之外，她完全不需要止痛劑。「護士和醫生都很驚訝。」她說：「他們不停地來看我需不需要嗎啡，但我不需要。他們都說我要不是很勇敢就是耐痛，但根本不是這麼回事，我只是一點也不覺得痛。」她的護理人員感到很不可思議，便促請卡蕾妲治療更多患者。

卡蕾妲這類的治療並不只適用於臨床上的病患，也可以幫助人培養緩慢心境。這點問問雷姆就知道。二〇〇二年，這位三十七歲、事業繁忙的織品代理商罹患了迷路炎，因爲內耳發炎而導致暈眩。由於不滿意他的家庭醫師提供的醫療，他向卡蕾妲約診了幾次，使他的復原時間縮短了四個星期。但眞正讓雷姆感受深刻的，卻是這種治療在他內心產生一種緩慢的、安撫的效果。儘管迷路炎早已痊癒，他還是每三個禮拜就去見卡蕾妲。「每個人都得找到一種方法來面對倫敦生活中的壓力與快節奏。」他說：「有些人是瑜珈，有些人是上健身房或做園藝，而我卻是靈氣治療。」在卡蕾妲雙手底下渡過一個小時，通常可以讓雷姆消解壓力、放鬆心情。她的治療手法也引領他重新思考自己所重視的事。「靈氣治療會讓你放慢下來，讓你思考生命中眞正重要的東西——小孩、伴侶、朋友。」他說：「它會讓你了解到匆匆忙忙地只想完成下一筆大買賣、賺更多錢或買更大的房子，其實很沒有意義。」這並不表示雷姆打算放棄工作，過著公社生活。當然不可能。相反地，靈氣的緩慢讓他在步調快速的商業世界裡更遊刃有餘。開重要會議之前，當他開始覺得頭暈，他便利用觀想與呼吸練習來靜心。前不久，他在和海外供應商簽訂一個重大合約的兩天前，來找卡蕾妲安撫他的焦慮情緒。簽約當天，他邁開自信的步伐走進會議室，清楚地表達自己的條件，然後達成交易。「我是商人，我也想賺錢，但要用正確的方式。」他說：「即使身在一個積極的環境，你也可以採取平靜的態度。靈氣療法能夠誘發這種平靜，使你獲得優勢。平靜的心能讓你更有自信、更有力量。」

卡蕾妲的治療對象從醫院與診所的患者擴大到上班族，這倒是意料中的事。最近接受她治療的艾瑟・波塔三十歲，在倫敦一家大規模公關公司擔任顧問。這已經是波塔近五年來第二次罹患視神經炎，由於視神經嚴重發炎而導致暫時性的失明。多虧了卡蕾妲，她才得以復原得如此快速而徹底，就連她的醫生也驚訝不已。當同事注意到她的好氣色，波塔立刻大方承認自己求助於另類治療。公司幹部們不但沒有嘲笑她，反而更深入詢問。有一名董事還建議請卡蕾妲到公司幫助所有員工放鬆心情、促進健康。

聽到這許多盛讚之詞，加上爲了我的腳所接受的物理治療、運動按摩和藥物治療，實在讓我受夠了，我於是決定試試靈氣療法。卡蕾妲安排我在某個星期一下午到海爾診所進行治療。她是澳洲人，現年四十三歲，眼中帶著笑意，笑容可掬，看了就讓人覺得安心。治療室不大，白色空間，高處有一扇窗正對著後方建築的背面。沒有水晶、沒有占星圖、沒有焚香，沒有任何我預期的新世紀裝飾。倒是挺像我的家庭醫師的診間。

一開始，卡蕾妲問了我許許多多問題，全是骨科醫師匆忙問診之際從未提及的：我的飲食、例行的工作、情緒狀態、家庭生活、睡眠型態。她也非常認眞地聽我詳述腳痛的位置與程度的變化。全部都說完之後，我躺上治療臺，閉上眼睛。

第一步是讓我的呼吸變慢。卡蕾妲要我從鼻子深深吸氣，讓腹部鼓起，然後從嘴巴吐氣。「這是一種氣功技巧，可以讓能量再次活絡。」她說。接下來是引導式冥想。透過卡蕾妲的描述，我想像著一個美麗的海灘畫面：熱帶的太陽，藍天，微風，腳下溫熱的沙，一片平靜、清澈、碧綠的湖水，一座點綴著紅色朱槿與黃白緬梔的青翠叢林。「這畫面太棒了。」她輕輕地說：「你有一種自由、開闊、靜止、安寧、平和的感覺。」的確如此。我幾乎可以感覺到自己飄浮在溫暖的水面上，面向著天空。接著卡蕾妲要我想像一顆白色的治療光球，在我體內移動。

當她準備開始做靈氣治療時，我已經忘了什麼叫做「壓力」。她摩摩手掌，然後放在我身體各個部位上方，以便讓阻斷的能量重新流動。雖然我看不見她，卻可以從那股奇怪的熱氣知道她的位置。那熱氣似乎發自我的內部，彷彿體內深處有什麼東西被啓動了。我下背部的熱氣很微弱，約莫就像一股熱息。當卡蕾妲將手放在我右腳上方時，感覺卻很燙。

療程持續一個小時，結束後我感到醺醺然，但也十分清醒而充滿活力，蓄勢待發。不過我的腳並無起色。「這需要時間。」卡蕾妲看到我失望的神色，便說：「身體會依照自己的節奏自我治療，所以你要有耐心，急不得。」這番簡要的緩慢哲學概論並未讓我燃起希望，離開診所時我心中五味雜陳。

不料幾天過後竟有了突破性進展。我腳上的疼痛減輕了，腳也消腫了。這是幾個月來首次有顯著的改善。我無法用科學來解釋，一個禮拜後我去找骨科醫師，他也無法解釋。或許因為卡蕾妲願意花時間傾聽，而啓動了療效。也或許利用宇宙能量來幫助身體自我治療，並非不可能的事。無論原因為何，靈氣療法對我似乎有效。我已經約好下次看診時間了。

7 慢性：高潮迭起的情愛

男人多半因爲過於急促地追求而錯失了歡愉。

——齊克果（一八一三～一八五五）

有些事情並不會隨著時間而被淡忘。幾年前，史汀在一次訪談中坦承自己喜愛譚崔式性愛，並誇口曾與妻子連續做愛數小時。此話一出，英國這位搖滾巨星立刻成爲衆人的笑柄。有報導質疑他哪來的時間寫歌，還說他的妻子怎麼還能走路。後來史汀試圖將自己對譚崔的涉獵輕描淡寫地帶過，卻爲時已晚。從此以後他在大衆的心目中已經被定位爲陽具崇拜的流行歌星。時至今日，DJ在介紹他的歌時，也總會針對他永無了時的交歡挖苦一兩句。

史汀早該知道的。爲了增進性能力去上課，這件事本質上就有其荒唐之處。而譚崔

——一種瑜珈、靜坐與性愛的神祕綜合體——則更容易成爲招來有色眼光。它會讓人聯想到一群披頭散髮的嬉皮光著身體在嘻鬧。在某一集「慾望城市」裡，凱莉和姊妹淘們去參加一個譚崔教室。經過漫長、緩慢的準備之後，男教練無意中射精在米蘭妲的頭髮上。接下來的一整集，米蘭妲就像發瘋似的不斷用紙巾擦瀏海。

其實譚崔所能帶給你我的並不只是低俗的笑話。現在全球各地的人對「緩慢性愛更美好」這個非常譚崔式的概念，都開始感興趣。我們大多數人絕對可以花更多時間做愛。乍看之下，這句話或許有些怪異。畢竟，現代社會早已充斥著性愛。從電影、媒體到廣告、藝術，一切都脫不了色情主題與影像。你會覺得每個人隨時都在做這檔事。其實不然。就算我們一天當中花大把時間觀看、談論、幻想、取笑、閱讀性愛，眞正做的時間卻少之又少。一九九四年進行的一項大規模研究發現，美國成人每個星期做愛的時間平均只有短短半小時。而當我們眞正想做的時候，卻又是尚未開始便已結束。雖然對於有關性行爲的數據多少要持保留態度，但是根據學術調查與匿名的證詞顯示，相當多伴侶辦事都有點敷衍了事、意思意思就好的味道。發表於一九五〇年代初期、具有歷史意義的《金賽博士報告》，便因估計美國有七十五％的已婚男性在插入後不到兩分鐘便達到高潮，而轟動一時。

慢手情人

快速性愛並不是現代產物，而是由來已久，而且很可能根植於存活本能。史前時期，快速的交媾使我們的祖先較不容易受到野獸或敵人攻擊。後來，匆促的性行爲又增添了文化因素。有些宗教教育信衆：性交是爲了傳宗接代而不是消遣娛樂，丈夫應該爬上去完成任務，然後再爬下來。

現在情況應該有所不同。現代人都想和伍迪艾倫抱持同樣看法，認爲性愛是你不必笑就能享受到的最有趣的事。那麼爲什麼還要這麼急呢？原因之一是：快速交媾的生理衝動依舊與人類的——或至少是男人的——大腦緊密相連。此外，我們快節奏的生活也得負一部分責任。繁忙的行程對於長而懶散的性愛活動有不利影響。辛苦工作一天下來，大多數人都已經累得不想做愛。減少工作時數是爲性愛節省精力與時間的方法之一，因此伴侶們在渡假時做愛次數較多。但快速性愛並不純粹是因爲疲勞與時間壓力。我們的匆促文化教育我們，成果比過程重要——而性愛也同樣受到這種終點線心態的影響。就連女性雜誌似乎也比較沉迷於性高潮——多麼劇烈、多麼頻繁——而較不注重前戲。凱爾（Kale）夫婦在《譚崔‧性愛的祕密力量》（*Tantra: The Secret Power of Sex*）一書中寫道：「西方男性過度匆促的頭號犧牲者就是他們的性生活。我們評估效率的標準在於一個人能夠多快完成一項有效的行爲，而有效的性行爲就是能引起高潮的行爲……換句話說，高潮來得愈快，性交就愈有效。」色情電影同樣帶有西方人注重最終結果的心態，而將性愛模糊成一陣狂亂抽動，最後當然少不了最重要的「顏射」。

現代人對於無法跟上性愛節奏的人幾乎毫無耐性，許多女性——根據某些調查爲四十%——因爲缺乏性慾或無法享受性愛而苦惱。藥學界一再強調威而剛之類的藥丸能解決問題，這也很符合我們應急文化的特色。然而使生殖器充血可能只是混淆視聽的做法，眞正的問題或許在於速度。女性需要更多時間暖身，平均要二十分鐘才能達到最高潮，相較之下男性頂多只需十分鐘，因此大多數女性都和「指針姊妹」(Pointer Sisters 合唱團）一樣，偏愛慢手情人（Slow Hand)。

不過我們也不必太離譜，速度在床笫間還是有其地位，有時候你也只想要或只需要速戰速決。快手萬歲。但性愛絕不只是朝著高潮全力衝刺，慢慢地做愛可能是一種深層體驗，也可能產生美妙無比的性高潮。

緩慢性愛

這也正是爲什麼緩慢哲學已經在世界各地全面入侵臥室。就連青少年雜誌也開始鼓勵讀者以長時間的、悠哉的性邂逅，加上蠟燭、音樂、美酒與按摩來引誘伴侶。在二○○二年，日本主要的男性雜誌《現代週刊》曾連續大幅刊載與二十一世紀做愛相關的文章，長達十二週以上。筆調十分嚴肅，甚至略帶說教意味，因爲其目的是教導讀者親密關係、性慾與緩慢的藝術。「很多日本男性的觀念是，快速的、大男人的、美國式的性愛就是最好的性愛。」該雜誌資深編輯高橋一生說：「我們希望讓大家知道可以用另一種方法建立肉體關係。」系列中有一篇文章對波里尼西亞的「緩慢性愛」傳統推崇倍至，作者在文中解釋波里尼西亞戀人花費極爲漫長的時間，相互愛撫並探索彼此的身體。至於性高潮，自然是質重於量。

這個性愛系列在日本造成轟動。《現代週刊》的銷售量暴增了二十%，讀者的感謝函更如雪片般飛來。其中有一人感謝雜誌讓他鼓起勇氣開誠佈公地與妻子談論性。令他吃驚的是猛烈、精力旺盛的做愛方式並不一定合妻子的胃口，她反而喜歡波里尼西亞人那種節奏。他做了嘗試，如今他們的婚姻與性生活都比以前更美滿。

當日本通勤族在東京地鐵裡閱讀關於性愛減速的樂趣，大約同一時間，在義大利也突然竄生出一個正式的緩慢性愛運動。發起人名叫維塔雷（Alberto Vitale），在慢食運動總部所在的布拉從事網路行銷顧問工作。在一個緩慢運動交流的範例中，維塔雷認定了佩屈尼的理論——多花一點時間能獲得更大的感官之樂——可以從餐桌上移植到臥室。於是二〇〇二年，他創立「緩慢性愛」組織，試圖將做愛從「我們這個瘋狂粗俗、速度快得危險的世界」拯救出來。會員人數很快突破三位數，男女人數相當，而且還在增加中。

與幾位慢食運動者會談了一整天之後，我約了維塔雷在布拉的一個露天咖啡座碰面。他三十一歲，身材瘦削，一臉聰明嚴肅貌。一點完飲料，他馬上說起自己結束花花公子生活的始末。「像我們這種消費者文化，一心只想很快地和某人上床，然後轉向下一個目標。」他說：「聽聽看男人的談話——全是關於多少女人、多少次數、多少體位變化。全是關於數字。我們上床還帶著一張檢核表，列出所有該做的事。我們太缺乏耐心，太自我，無法眞正享受性愛。」

維塔雷加入緩慢運動便是爲了改革這種快速性交的文化。他在皮蒙特附近的社交俱樂部裡，發表關於緩慢性愛之樂的演說。他打算將他的網站（www.slow-sex.it）建立成討論各種減速性愛的論壇。他的性生活便因爲放慢速度而出現奇蹟。如今維塔雷已經不再急著變換他喜愛的姿勢，而會慢慢地享受更長的前戲，對他的愛侶輕聲細語，並凝視她的雙眼。「如果你看看週遭的世界，就會更想放慢速度。」他說：「而我認爲床笫是最佳起點。」

譚崔熱

再也沒有什麼比全球性的譚崔熱更能反映世人對於放慢性愛速度的渴望。一九六〇與一九七〇年代的性革命期間，已有一些先驅涉足譚崔技術，現在其他人正逐漸趕上。每一天都有一萬兩千人經由瀏覽五花八門的色情網站進入 Tantra.com。更有各個年齡層的愛侶不顧史汀所飽受的譏諷，一窩蜂地湧向譚崔性愛教室。

那麼譚崔究竟是什麼？這個詞由梵文翻譯而來，意思是「延伸、擴展或交織」。五千年前發明於印度，後來傳入西藏與中國佛教界的譚崔，是一種利用身體作為禱告工具的靈修。就像基督教神祕主義者透過自我鞭笞求上帝救贖，譚崔信徒則利用緩慢、細心的肉體結合作為悟道的途徑。也就是說，最純粹的譚崔性愛並不只是放慢速度後的普通性行為，而是利用性的能量與伴侶以及宇宙達成完美的心靈結合。

譚崔哲學強調人體脊椎由下而上，從生殖器到頭頂，有七個脈輪（能量中心）負責輸送能量。愛侶們藉由靜坐、瑜珈、控制呼吸與緩慢前戲，學習如何控制與引導他們的性能量。交合時，男性須利用緩慢、節制的插入來延長勃起的時間，同時還要學習不射精也能達到高潮。由於特別注重分享、親密與緩慢，因此譚崔是非常親善女性的方式。的確，男性必須奉女性為神，慢慢地引燃她的慾望，而不得企圖掌控或強迫她接受自己的步調，但最後卻能平均分享歡愉。實行譚崔之後，伴侶雙方都會進入——套 Tantra.com 的用語——一種「更高的意識狀態」，並「了解自我至高無上的幸福的本質」。如果這些話聽起來有點不舒服，肉體感官上的收穫也夠神奇的了：譚崔教導男女如何在一波波性高潮中乘風破浪，多久都行。如果伴侶沒有分手——有過這種經驗還有誰會分手？——多年過後，他們的慾火會愈燒愈烈，而不會逐漸熄滅。

現代人力主在臥室也該像其他地方一樣放慢速度，這種主張源起於十九世紀。工業化加速步調的結果，使民衆開始朝東方尋求較緩慢的替代品。由於對東方哲學愈來愈感興趣，西方人也開始接觸到譚崔。史朶韓（Alice Bunker Stockham）是早期對後來所謂「神聖性愛」的熱烈擁護者，也是美國初期的女醫師之一。她在印度研習譚崔之後，回到家鄉宣導以控制性高潮作爲獲得肉體狂喜、情感交流、身心健康與心靈成就的手段。她創造了一個名詞「karezza」，是從義大利文的「愛撫」一字衍生而來，以形容她這種世俗化的譚崔。她的性愛技巧首先出現於一八八三年一本名爲 *Toktology* 的書中，後來經托爾斯泰翻譯成俄文。其他人也跟隨史朶韓的腳步，挑戰維多利亞時代的禁忌，出版關於緩慢細心的做愛藝術的書籍與手冊。薩佛里（George Washington Savory）在《人間地獄如天堂》（*Hell on Earth Made Heaven: The Marriage Secrets of a Chicago Contractor*）一書中，甚至以基督教觀點來詮釋譚崔性愛。

在一百多年後的今天，我本身的譚崔之旅卻起步得有些猶豫。開始研究的時候，我本能的反應就是傻笑或逃開。新世紀的術語、脈輪、綁著馬尾的男人主持的自修錄影帶——這一切看起來實在毫無價值。我不敢確定自己已經準備好協調我的內在人性或喚醒我的神性，我甚至不確定自己是否眞的了解這些話的意義。難道我們一定要把男性生殖器稱爲靈甘（lingam）或「光之棒」嗎？

不過再仔細想想，譚崔並不是眞的那麼愚蠢。即使再實際的人也知道，性愛絕不只是令人非常愉悅的肌肉收縮。它可以建立很深的情感交流，可以使我們脫離自身，讓心靈自由飄蕩在一個無遠弗屆的當下。有時候，它還能讓我們瞥見深層的、超絕的東西。當人們談到自己性愛狂喜到達極致的時刻，經常會使用宗教上的隱喻：「我覺得自己像飛翔的天使。」「我爬進了伴侶的身軀。」「我看見上帝的臉。」譚崔便是試圖在性愛與心靈之間建立這種聯繫。

古代人經常要花費數年滌淨並支配自已的身與心，譚崔導師才願意給他們一天的時間。只有當「內在心靈能量」被喚醒以後，他們才能開始學習性愛技巧。現在，任何人都能馬上學習譚崔做愛技巧。既然身在消費者社會，自然有迎合各種喜好的課程，有些比較屬於心靈走向，也有許多西方教師會混合印度愛經與其他神聖性愛經典中的技巧。不令人意外的是，保守派果然指責改革派是兜售偷工減料的「健怡譚崔」。但即便是如此，誰在乎呢？如果有效的話，變形的譚崔又有什麼關係？即使學習者無法到達更高的意識層次，或重新導正脈輪，他們仍可從基本的性愛哲學中獲利。畢竟，一旦脫去譚崔的神祕外衣，剩下的也只有美好性愛的基礎了：溫柔、溝通、尊重、變化與緩慢。

就連抱持懷疑態度的死硬派也難以抗拒譚崔的魅力。二〇〇一年，一名四十多歲的記者桑普森要爲倫敦時報撰寫一篇關於譚崔性愛的專文。她強拉丈夫去參加工作坊，本以爲兩人會一路笑個不停，沒想到他們發現簡單的呼吸練習竟然眞的有效，而利用按摩給予伴侶緩慢的、分享的性愛也引起了共鳴。我到桑普森位於倫敦外圍的崔肯罕（Twickenham）的健身房與她會面時，她對我說：「好像頓悟一樣。我眞的沒想到還有另一種性愛的方式是給對方時間，是將你的心和腦完全融入性關係當中。」

當時桑普森與丈夫立刻報名參加週末的譚崔班，如今他們已是虔誠信徒。二〇〇二年，桑普森出版了一本書名叫《譚崔：幻覺性愛的藝術》（*Tantra: The Art of Mind-Blowing Sex*），是專門爲那些對新世紀的一切避之唯恐不及的人所寫的入門指南。她認爲我們每個人都能自行決定，要多深入去探索性愛的神祕面。「我想你既可以將譚崔視爲靈修的途徑，也可以單純用來增進性生活的美滿。」她說：「反正到最後很可能是殊途同歸。」

無憂無慮的女人

談話結束後，桑普森給了我她譚崔老師的電話，老師的姓名很不可思議，叫萊特伍曼（Leora Lightwoman）（意思是「無憂無慮的女人」）。當晚我便撥了電話。萊特伍曼對於寫一本關於放慢速度的書很感興趣，便邀請我參加她下一次的課程。

兩個月後，在一個狂風暴雨的週五晚上，我和妻子來到倫敦北區一處老舊倉庫。我們按了門鈴，門啪一聲開了。人聲隨著一陣焚香從地下室沿著樓梯飄上來。有一名課程助理——一般稱之爲「天使」——在樓梯底端迎接我們。他約莫三十來歲，笑容有點邪門，紮著一根馬尾。他穿了一件白色汗衫和一條乳白色瑜珈長褲，身上發出很重的狐臭。他讓我想起以前看過的一支令我羞得面紅耳赤的譚崔錄影帶裡的主持人。我的心不由得往下沉。

我們脫了鞋子走進地下室，只見一個白粉牆的大房間裝飾著民族風的掛毯。我原本最擔心的是，工作坊裡每個人都是非常注重養生之道的全素食者或芳香療師或兩者皆是，結果根本是多慮了。雖然有幾個典型的新世紀人士穿戴著沙龍和串珠，不過三十二名學員當中，大多還是穿著舒適外出服的普通民衆，其中有醫生、證劵商、老師。有一名男子還是從市區的交易櫃檯直接來的。有許多人從未上過自我成長課程。

萊特伍曼設法讓每個人放鬆心情。短髮、大眼的她是個有如精靈般、氣質優雅的人，說話很慢，好像每句話都要先在腦子裡轉一圈之後才說出來。一開始她先針對譚崔略做解釋，然後要我們自我介紹，說說我們來此的原因。獨自前來的人說是要進行一趟自我發現之旅，成對的人則是爲了增進彼此的關係。

氣氛緩和之後，我們先做一點亢達里尼（亦即靈能或氣）顫動，也就是閉上眼睛，抖動膝蓋以上的身體。這麼做的目的是爲了放鬆，讓你的內在能量流動。我不懂什麼能量，但在搖晃了十分鐘後確實感覺比較輕鬆。接下來便是今晚的重頭戲：喚醒感官。「在現代社會裡，每個人都匆匆忙忙，經常沒有充分的時間運用感官。」萊特伍曼說：「現在我們就來重新發現你的感官知覺，並且讓知覺復甦。」

現場每個人都蒙上眼睛，並與一名同伴手牽手。幾分鐘後，有人帶領我和妻子穿過房間，坐到地板的軟墊上。此時唯一聽見的只有帶領學員的天使們來來去去的窸窣聲。我沒有蹣促不安，反而可以感覺到自己已經融入當下，隨波逐流。萊特伍曼用輕柔的聲音要我們凝神細聽。這時候，西藏的鈴聲響起打破沉默。由於沒有其他感官刺激，我的心便能自在地專注於鈴聲。這個聲音——清脆、宏亮、莊嚴——彷彿洗滌著我的全身，我眞希望能永遠繼續下去。其他聲音——手擊鼓、響葫蘆、一根澳洲原住民的迪吉里杜管——也有類似功效。一度我忽然有個念頭，如果聽覺能不斷帶給我如此多的喜悅，眼盲了也無所謂。儀式持續進行著，接下來是嗅覺。天使在我們鼻子底下揮動著香味濃厚的東西：肉桂、玫瑰露、柳橙。香氣很濃也很刺激。接著爲了喚醒我們的味蕾，天使出其不意地將小塊小塊的食物——巧克力、草莓、芒果——往我們嘴裡塞。結果又是一次感官知覺大爆發。

觸覺是這趟旅程的最後一站。天使們用絨毛玩具輕拂我們的手臂、摩擦我們的脖子，聽起來不過爾爾，實際感覺卻舒服多了。隨後他們發給每人一樣東西，要我們用手去摸索。我拿到的是一尊女性銅像。我的手指仔細地觸摸每一個角落，試著在心裡勾勒它的模樣。接下來我們必須以同樣好奇的心理探索同伴的手。這聽起來沒什麼，但實際上結果卻很感人。慢慢摸索著妻子的手的時候，我想起很久以前也做過同樣的事，當時我們剛開始交往，在愛丁堡一家酒館門口。

後來我們拿下眼罩，發現房裡變暗了，大夥坐在軟墊上圍成一個大圓圈。圓圈中央有幾個箱子，上面舖著紅毯並有蠟燭點綴，紅毯上則巧妙地擺放著儀式中使用的物品，看起來有如夏日傍晚即將入港的一艘豪華郵輪。溫暖的光線籠罩房間。有一名律師原本只是爲了討妻子歡心而來，此時卻心折了。「好美呀。」他喃喃地說：「太美了。」我知道他的感受。我的知覺也隱隱鼓盪著。這個夜晚轉眼即逝，我幾乎迫不及待想再回來體驗更多。

不料第二天早上，我的計畫全泡湯了。女兒因爲呼吸道感染緊急送醫，妻子要陪她只好退課，這對我們兩人來說都是一大打擊。然而，我還是決定繼續，週六上午便獨自出席。

第一天晚上的彆扭已經轉變成融洽的氣氛，或許工作坊完全不是你想像的那種性愛派對也有關吧。這裡沒有公開的性接觸或裸體。萊特伍曼最嚴格的要求就是尊重。事實上，有一位單獨前來的男性由於對女學員顯得稍微熱情了些，便被她給趕了出去。

又做了一次亢達里尼顫動後，開始兩人一組，進行一連串專門爲了教導緩慢、充滿愛意的感官藝術所設計的練習。其中一項稱爲「好—不好—也許—請」。同伴輪流觸摸對方，被觸摸的人要同時對觸摸者提出評論：「好」代表「我喜歡」；「不好」代表「試試其他方法」；「也許」代表「我不確定」；「請」代表「嗯，再繼續」。依照譚崔法，愛侶每次做愛都應該像是第一次一樣地探索彼此的身體。做這個練習時，我的同伴是個有點害羞的年輕女子。由於公認的性感帶是禁區，我們只能探索經常在「戰況激烈」時受忽略的地帶，如膝蓋、小腿、腳踝、腳、肩膀、頸肩相連處、手肘、脊椎。一開始我們只是一一試探，後來便漸漸抓到訣竅。一切都非常美妙也非常享受。

其他練習也遵守同樣的緩慢倫理規範。我們性感地起舞，同步呼吸，凝視彼此。努力地與陌生人建立親密關係，我覺得有點怪，但這個原理——放慢速度，與你的伴侶建立聯繫——顯然在許多學員身上都發生效用。有些伴侶初到時還顯得十分疏離，此時卻手牽著手，互相愛撫。這使我分外想念妻子。

愛肌「流動」

這個週末最困難的練習，就是鍛鍊由恥骨延伸至尾椎骨的恥骨尾骨肌肉群，當你用力擠出最後幾滴尿時，收縮的正是這個肌肉群。萊特伍曼稱之爲「愛肌」。強化這些肌肉可以爲兩性製造更強烈的性高潮，還能使男性射精後不再發生痙攣性收縮，爲多次高潮鋪路。

萊特伍曼要求我們在鍛鍊愛肌時要配合控制呼吸。在收緊、放鬆恥骨尾骨肌肉群時，要想像我們的氣由會陰開始經由七個脈輪運行，最後到達頭頂。即使你也和我一樣，對這整個能量中心的說法存疑，至少這個練習可以令人非常放鬆，而且有種感人的奇特力量。

不過對許多人而言，整個週末的重點卻是一個名爲流動的技巧。在正常過程中，性愛最終會以持續幾秒鐘的生殖器痙攣收縮收場。譚崔卻試圖由鼠蹊部將性能量加以釋放擴散，以便延長並增強性愛狂喜。這便是所謂的「全身高潮」。無論男女，流動都是一種清理能量運行管道的技巧。做法如下。做完一些亢達里尼顫動之後，躺下來屈起雙膝，腳掌平放在地。當你雙腿緩緩地張合之際，膝蓋處應該會再度顫動，然後逐漸往上移。你的同伴可以將手置於顫動處上方，慢慢地巧妙地將它引向正確方向，藉此幫助能量流動。聽起來很瘋狂，不過我告訴你，「流動」果眞就像它廣告上說的，一點也不假。總之一句話：太神奇了！我幾乎是一躺下就感覺到顫動，好像有什麼東西入侵了我的身體。

它不斷往上移動，經由骨盆進入胃後方。起先震動很劇烈，有點嚇人，讓我想到電影《異形》，當怪物要鑽出劇中人物的胸口時，他們抽搐扭曲的模樣。不過恐懼十分短暫。不久，顫動便引發一種興奮與狂喜的感覺。而且不只有我如此。四下裡，大家全都喜極而泣。這眞是個令人驚異的時刻。過後，伴侶們躺著交纏在一起，慵懶地互相愛撫。

譚崔不是一個週末便能學得精，這需要時間。基本動作須要練習——至少，我的愛肌仍需要鍛鍊——此外仍有多項技巧有待學習。但我與譚崔第一次接觸後的心得是，無論你對新世紀看法如何，它確實可以開啓一扇通往更美好的性愛、更親密的關係與自覺的大門。

就是不想停下來

爲了探知更多有關埋藏在彩虹盡頭那個性愛金壺的故事，我去訪談了一些譚崔結業學員，他們的反應多半都很熱烈。凱西與羅傑金柏是一對十分親切的中年夫妻，住在倫敦近郊的瑞克曼斯沃（Rickmansworth）。凱西五十二歲，從事商展行銷工作，羅傑四十八歲，開了一家電機工廠，專門爲大樓建築製造空調系統。他們已經結婚三十年。和許多長期關係的伴侶一樣，隨著孩子的誕生——他們有兩個兒子——加上工作，性愛的重要性排名很快便往下掉。金柏夫妻常常因爲太忙碌或太疲倦或壓力太大，燃不起床笫間的火花。即使眞的做了愛，也大多持續不久。

然而在一九九九年，凱西決定有所改變。她覺得自己整個生活就像失速的火車頭，她想慢下來。譚崔似乎是個不錯的起點，於是她報名了萊特伍曼的入門課程。當那個週末即將到來，金柏夫妻倆卻開始畏縮。羅傑是個腳踏實地的人，天生就厭惡那些飄邈的東西，因此很排斥去聽關於氣和脈輪的課。而凱西則是一想到要「喚醒感官」便驚恐不已，像她這種典型的A型人，怎麼可能什麼事都不做，乖乖地坐那麼久？但金柏夫婦仍決定放手一搏，結果兩人都在那個週末得到啓發。「流動」讓羅傑心折，凱西則深愛「喚醒感官」。「我享受到太多感官上的愉悅了。」她說：「我走出教室時輕飄飄的，有一種不可思議的平和。」後來他們又上了四堂譚崔課程。

這一路走來，他們的性生活確確實實重生了。現在，他們每星期至少會找一天晚上，躲進樓上專門作爲譚崔幽會用的小房間。譚崔的教旨之一正是爲性愛創造一個「神聖空間」，即使只是在房內焚香或點亮彩色燈光也無所謂。金柏夫婦的房間是一個不帶宗教色彩的聖殿，佈置著神祕的事物與個人紀念品：守護神石雕、喜愛的書籍、西藏杵鈴、許多蠟燭、家人照片以及小兒子多年前做的一尊陶瓷人物。天花板上掛著一張捕夢網。在柔和的燭光中，夫妻倆點起香精油，互相按摩、愛撫、同步呼吸長達數小時。當他們終於做愛的那一刻，絕對是驚天動地，如今兩人都體驗到更深刻、更強烈的高潮。自從羅傑從譚崔學會了放鬆、骨盆運動與呼吸技巧之後，已經能將高潮延長到兩三分鐘。「太奇妙了。」他微笑著說：「你就是不想停下來。」

在金柏家，每次做愛不一定總要好幾個小時。他們和其他譚崔迷一樣，偶爾還是喜歡在被窩裡混戰片刻，但即使如此也能比以前享受到更大快感。

其實收穫並不只有驚天動地的高潮，還有一個溫柔、親密的嶄新世界爲金柏夫婦開啓。當他們膩在前廳的沙發上，就像一對新婚夫妻。「譚崔讓我們的關係增進不少。」羅傑說：「現在做愛比較能注重精神層面，能從心出發。」凱西點點頭說：「有人可能結婚二十年了，卻仍不眞正了解對方，因爲他們只看到表面。學了譚崔之後，我和羅傑終於能眞正深入地了解彼此。」

不過在你趕去報名週末譚崔課程之前，我要提醒你譚崔是一柄雙刃刀。一方面它能爲趨於疲乏的關係注入一股新鮮活力，但在迫使人放慢步調、深入檢視自己與伴侶的同時，它也可能暴露出無法妥協的差異。我的譚崔班上，有個人後來便不再出現。他的妻子告訴我，他在家裡又哭又鬧，咆哮著說他們的關係已經毀了。

現年三十七歲，在英國布里斯托（Bristol）任職餐廳經理的戴爾便能體會。二〇〇二年，他和未婚妻——一個野心勃勃的產品開發商——去上了譚崔課程。他們已經交往三年，希望在步上紅毯前能讓逐漸萎縮的性生活重獲一點動力。然而這個課程不但沒能將他們推向完美高潮之路，反而讓他們看清兩人的關係並不穩固。當戴爾凝視未婚妻的雙眼，內心感到很不安。週末接近尾聲時，他二人已經一面做練習一面低聲爭吵。幾個星期過後便分手了。

先前，我們提到過昆德拉的警語：在快車道上的人對一切都沒有把握，即使對自己的心也一樣。戴爾是最能認同的人了。「現在回想起來我才發現，」他說：「我們兩個都太忙了，根本沒有時間去注意我們的關係早已經走了樣。譚崔能讓你放慢腳步，注意到週遭事物。我想當我們慢下來之後，才察覺我們並非對方生命中的最愛。」戴爾再度恢復單身生活，對於自己逃過一場注定要以離婚收場的婚姻，他感到十分慶幸。而他也記取了教訓。吸取了些許譚崔智慧的他，打算將來要花更多時間經營愛情關係中的肉體與親密層面。「我已經知道交流才能享受最美好的性愛，但如果匆匆忙忙，就無法有眞正的交流。」他說：「下次再談戀愛，我一定一開始就要有這種緩慢、這種意識。」

如果戴爾堅持下去，他也許會發現在床笫間減速也有助於放慢其他生活面的腳步。學習譚崔的金柏夫婦便有切身的體驗。凱西變得穩健了，對於日常生活中的耽擱也較有耐心。而羅傑則選擇減少工作時間。在家裡能享有這麼多的愛和美妙高潮，他當然不想再成天綁在辦公桌前。「現在總覺得工作已經不再那麼重要。」他說。他甚至開始以緩慢的步調經營公司。他的公司長久以來一直以迅速送貨服務自豪，如今卻不再執著於非得盡快供貨不可。這番改變的原因之一是希望減輕員工的負擔。公司有沒有因此輸給更快速的對手呢？事實上不但沒有，產品品質反而提升了，訂單也照樣進來。「放慢速度的結果並不像一般人想的那麼悲慘。」羅傑說：「其實眞的有好處。這並不代表我們在該加油的時候會有氣無力，只不過不必隨時踩油門罷了。」

聽到生意人將工作與愛聯想在一起，應該不值得大驚小怪。雖說全心為工作奉獻會損害我們的親密關係，其實反之亦然。根據美國的研究調查，婚姻出現問題的員工每年平均要浪費十五個工作天，導致美國公司行號每年有將進七十億美元的生產力損失。而緩慢運動所提供的解決之道：少一點時間工作，多一點時間享受緩慢性愛，豈非既簡單又令人動心。

8 慢工：放慢工作速度

勞動者就是不明白工作過度只會讓自己與子孫筋疲力竭；不明白早在他們再也無法工作的那天到來之前，體力便已耗盡；不明白當他們沉迷於這唯一的惡習而失去人性之際，他們已經不再是人而是支離破碎的人；不明白他們扼殺了自己內在所有美好的才能，除了工作的狂熱之外，再也不留一絲生氣與活力。

——拉法格《懶惰的權利》（一八八三）

就在不久前，人類曾期盼一個新的休閒時代。機器給了每個人從此脫離辛苦工作的希望。當然，我們也許偶爾還是得到辦公室或工廠上班，監視螢幕、玩玩儀器、開開發票，但其他時間就能待在外頭玩樂。有了這麼多空閒時間，「匆忙」與「急促」等等字眼終將失傳。

富蘭克林便曾率先預言將來會有一個輕鬆休閒的世界。他眼見一七〇〇年代後期的科技突破，便預言人類每週的工時很快便能少於四小時。十九世紀期間，這番話卻顯得天真得近乎愚蠢。在工業革命時期那些魔鬼般的黑暗工廠裡，男男女女，甚至小孩每天都要做十五個小時的苦工。但到了十九世紀末期，文化雷達卻又突然再次偵測到了「休閒時代」的訊號。蕭伯納預言到了二〇〇〇年，我們每天只會工作兩小時。

「不久的將來」

無限休閒的夢想持續了整個二十世紀。科技所做的神奇承諾令人目眩神迷，一般人全都夢想自己能悠閒地躺在水池邊，還有一群調得一手好酒又能讓經濟持續緩慢復甦的機器人服侍著。一九五六年，尼克森要美國人做好準備，在「不久的將來」每週只須工作四天。十年後，美國參議院某個委員會同意到了二〇〇〇年，美國人每週只須工作十四小時。即使在一九八〇年代，也有人預言機器人與電腦將會讓我們時間多得不知如何運用。

這些預言還可能更離譜嗎？在這二十一世紀，我們唯一能確定的，大概就是過去工作死亡人數的統計太過於誇張。如今，休閒時代似乎和無紙化辦公室一樣不可行。我們大多數人可能都是每天而不是每週工作十四小時。我們清醒的時間絕大部分都被工作佔據，生活中其他的一切——家人與朋友、性與睡眠、休閒與渡假——面對至高無上的工作計畫，都不得不退讓。

在工業化世界中，平均工時自從一八〇〇年代中期開始便逐漸減少，當時的標準是每週上班六天。但在過去二十年間，卻明顯地分裂爲兩股相對趨勢。

當美國人維持與一九八〇年相同的工作量之際，歐洲人的工作量卻減少了。根據某些評估顯示，現在美國人每年工作的時間平均比歐洲對手多出三五〇個小時。一九九七年，美國擠下了日本成爲最長工時的工業化國家。相較之下，歐洲則有如懶人的天堂。但即使在歐洲，情況也很複雜。爲了跟上全球經濟快速且全年無休的腳步，許多歐洲人也已經學會向美國人看齊。

但在這些平均數據背後卻有個殘酷的事實：有數百萬人其實並非自願如此長時間、如此努力地工作，其中又以盎格魯撒克遜國家的人民爲最。現在，每四個加拿大人便有一人一週工作超過五十小時，而一九九一年才只有十分之一。二〇〇二年時，三十多歲的英國人之中，每五人便有一人一週工作至少六十小時，而且這還不包括漫長的通勤時間。

「休閒時代」究竟跑哪兒去了呢？爲什麼還有這麼多人工作得這麼辛苦？錢是原因之一。每個人都需要賺錢維生，但永無止境的消費慾望讓我們需要更多更多的現金。因此我們用產能效益換取的不是更多休息時間，而是更高的收入。

永遠連線的工作狂

另一方面，科技的發達也使工作得以滲入生活的每個角落。在此資訊網路時代，email、傳眞與電話根本無從躲避。一旦能在家裡與公司網路連線，能在飛機上上網，或是在海灘上接老闆電話，每個人都可能二十四小時待命。我自己經歷過所以知道，在家裡工作很容易不知不覺隨時都在工作。《工作狂》（*Workaholics*，一九八〇年）的作者瑪克蘿薇茲（Marilyn Machlowitz）最近接受訪問時表示，在二十一世紀，「永遠連線」的壓力是全球性的：「工作狂指的本來是那些隨時隨地都在工作的人。如今情況變了，七天二十四小時待命已經成爲常態。」

目前大多數職務仍有許多工作待做。許多公司經過多年的重整與裁員之後，希望員工能肩負起離職同事留下的工作。由於失業的陰影始終籠罩在各個辦公室與工廠，許多人便將增長工時視爲證明自身價值的最佳方式。甚至有數百萬人會在太累或病重時，照常工作。更有數百萬人從未請完年假。

這眞是瘋狂。雖然有些人喜歡長時間工作，也應該讓他們這麼做，但卻不能因此要求其他所有人都跟進。工作過度對我們自己不好，對經濟也不好。二〇〇二年，位於日本福岡市的九州大學進行一項研究發現，每週工作六十小時的人罹患心臟病的機率比每週四十小時的人大兩倍，而每週至少有兩天睡眠不足五小時的人，患病風險則是三倍。

其實職場壓力並不全然不好。適度的壓力可以讓人集中精神，提升生產力。但過多的壓力則可能造成身心無可彌補的損傷。最近一項民調顯示，十五%以上的加拿大人聲稱工作壓力曾將他們逼至自殺邊緣。

強制員工長時間工作的公司也同樣要付出極高代價。生產力不易評斷是衆所週知的事，但學者們一致認爲工作過度遲早會到達極限。這是基本常識：當我們疲倦、壓力大、不快樂或不健康時，自然會降低產能。根據國際勞工組織統計，比利時、法國與挪威勞工每小時的產能都比美國勞工高。英國勞工的工時在歐洲是名列前矛，結果每小時產能卻幾乎是全歐最低，毫無績效可言。工作時數較少，通常效果也較好。

除了生產力的爭議之外，也許還有一個最重要的問題：人生的目的是什麼？大部分的人都會同意工作對我們有好處，它可能很有趣，甚至讓人功成名就。有許多人便很享受工作樂趣——智力的挑戰、體力的勞動、社交活動、身分地位。但讓工作接管我們的人生卻是不智之舉。我們有太多重要的東西需要時間，例如朋友、家人、嗜好與休息。

就緩慢運動而言，職場是主要戰線。當工作侵吞了這許多時間，做其他一切事情的時間便受到擠壓。即便是送孩子上學、吃飯、與朋友聊天等等簡單的事情，也成了與時間的競賽。想要放慢腳步，最確實的方法就是減少工作，而這也正是全世界數百萬人正試圖要做的。

懶惰的重要

全球各地——尤其是長工時經濟體制國家——的民調顯示，人民都渴望工作時數能減少。根據華威大學與達特茅斯學院的經濟學者最近進行的一項國際性調查顯示，在二十七個國家，有七十%的人說他們希望工作與生活能更平衡。在美國，工作狂熱的反抗聲浪也愈演愈烈。愈來愈多大公司——從星巴克到沃爾瑪——據說都因爲強迫員工超時做白工，而吃上官司。美國人也開始搶購一些書籍，學習如何以更悠閒的工作與生活態度獲得幸福與成功，最近出版的包括《懶惰的致勝祕訣》（*The Lazy Way to Success*）、《懶人成功指南》（*The Lazy Person's Guide to Success*）與《懶惰的重要》（*The Importance of Being Lazy*）。二〇〇三年，美國倡導減少工時的人士於十月二十四日，首度舉辦全國性的「取回時間日」活動，根據某些評估，美國人到這一天的工作時數剛好相當於歐洲人一年的工作時數。

現在所有工業社會中，根據召聘新人的主管所說，年輕一點的應徵者已經開始提出一些十或十五年前的應徵者想都不敢想的問題：我能在合理的時間下班嗎？我能不能降低薪水換取更多休假？我能掌控工作時數嗎？在一個接著一個的面談中，訊息傳達得又響亮又清晰：我們想工作，但我們也想好好生活。

女性尤其渴望取得工作與生活之間的平衡。新生代的人所接受的教育，使他們認爲擁有家庭、事業、房子、有益的社交生活這一切，是他們的權利。但「擁有一切」卻演變成一個有毒的聖杯。有數百萬名婦女在美國出版的短文集《家有賤婦》(*The Bitch in the House*)，以及《凱特的外遇日記》(*I Don't Know How She Does It*)——艾莉森・皮爾森(Allison Pearson)的暢銷小說，描述一位要同時操作基金與家務的職業婦女的故事——看見了自己心力交瘁的身影。受夠了努力扮演「女超人」的婦女們，如今開始展開攻勢，企圖重新擬定職場規則。婦女的態度起了變化。現在在上流晚宴上，傑出女性除了誇耀自己的紅利獎金多少之外，很可能還會吹噓育嬰假的長短。即使沒有小孩的女強人也可能提倡每週四個工作天。

《衛報》專欄作家杜娜最近提到，現代婦女走上緩慢之路或許會苦樂參半：「這個世代的婦女所接受的教育是要成功，要隨時做有意義的事，如今卻發現不是最快最忙的人才幸福，這是何等殘酷的事實。放慢速度所帶來的滿足（多半如此）：享受說床邊故事的樂趣，而不是爲了打電話到紐約而不斷跳頁——這是多大的諷刺。」

無論何處，有選票飢渴症的政治人物也紛紛搭上了平衡工作與生活的流行列車。二〇〇三年，加拿大的魁北克黨提出政見，爲幼兒家長爭取每週四個工作天。這樣的承諾可不可能通過立法還有待觀察，畢竟許多政治人物和公司行號對於平衡工作與生活，都只是做做嘴上功夫。不過他們還願意費此精神，不能不視爲文化大變革的前兆。

Fureeta（自由工作）

曾一度以可怕的工作倫理震驚世界的日本，改變尤其顯著。十年來景氣的低迷引發了民衆對工作的不安全感，也連帶對工作與時間產生新的想法。現在有愈來愈多日本年輕人避開長時間的工作，以便有更多的休閒時間。「多年來，日本家長總是吼著要孩子動作快一點、工作努力一點、事情多做一點，但現在的人覺得夠了就是夠了。」《緩慢就是美》的作者大岩圭之助說道：「新世代的人漸漸了解，不一定要花很長很長的時間工作，放慢腳步也沒有那麼不好。」如今不少日本年輕人不再甘心成爲企業齒輪中的小組件——一個上班族——反而寧可打零工。專家稱他們爲「Fureeta」世代，這個字是由英文字「free」（自由）和德文字「arbeiter」（工作）組合而成。

就拿二十四歲、東京的大學畢業生阿部信人爲例吧。他父親每星期要在銀行辛苦工作七十小時，他卻在便利商店打工，其他時間則用來打棒球、打電玩，或在市區閒晃。阿部頂著一頭紅褐色亂髮，微笑著說他和他的朋友都不是爲工作而生活的人。「我們這一代終於慢慢了解到歐洲人早已經了解的東西——讓工作取代你的生活太愚蠢了。」他說：「我們想掌控自己的時間。我們想要有慢的自由。」這些 Fureeta 族幾乎稱不上是未來的模範，因爲多數人這種輕鬆的生活型態都是仰賴辛勤工作的雙親。不過他們拒絕接受瘋狂而毫無節制的工作，卻是一個文化變革的指標。就連日本官方也開始改變政策。二〇〇二年，日本政府呼籲縮短工時，新的法令已經使得分工制度更容易實施。日本仍有很長的路要走，但減少工作的趨勢已經開始。

在縮短工時這條路上，走得最遠的是歐洲大陸。例如，現在德國人花在工作的時間平均比一九八〇年少了十五％。雖然減少每個人的工時可以增加其他人的工作機會這種說法遭到許多經濟學家否定，但大家都同意縮減工作時數便能有更多休閒時間，這是歐洲大陸人民向來十分看重的。一九九三年，歐盟立下每週工作四十八小時的規定，但勞工有權利自願加班。九〇年代末，法國更採取了有史以來最大膽的措施以挫工作的銳氣：每週工時縮減爲三十五小時。

三十五工時

實際上，法國的規定是每人每年不得工作超過一六〇〇個小時。由於「三十五工時」的實施與否由公司決定，因此對於勞工的影響各異。目前有許多法國人每天的工作時數變少了，但也有人維持不變，或甚至是每週工時變長但多了休假日。一個法國中階主管可望獲得九個星期或更多的年假。雖然某些職業——其中包括高階業務主管、醫生、記者與軍人——不適用三十五標準工時的規定，卻仍產生了休閒革命的淨效應。

現在，許多法國人的週末若非始於週四便是結束於週二。辦公室職員都在下午三點便大批大批地離開辦公桌。儘管有些人將多出來的休閒時間隨意打發——睡覺或看電視——卻有更多人用來拓展視野。報名上美術、音樂和語言課的人數便直線上升。旅行社也指稱，前往倫敦、巴塞隆納與其他歐洲熱門地點做短程旅行的人也暴增。酒吧與小餐館、電影院與運動俱樂部裡，擠滿了人。娛樂消費的暴漲無異爲疲軟的經濟打了一劑強心針。但除了經濟數字之外，工作日減少也徹底改變了人們的生活。家長陪孩子玩耍的時間增加了，朋友見面的次數增加了，情侶約會的時間也增加了。就連法國人最喜愛的消遣——私通——也有所獲益。在法國南部，已婚的會計師保羅告訴我，每週工作三十五小時讓他每個月能多和情婦幽會一次。「如果縮減工作量能讓你有更多時間談情說愛，那就一定不是壞事，不是嗎？」他咧嘴笑著說。

新制度的熱烈支持者當然不在少數，紀瑪便是一例。這位住在巴黎的經濟學家，每個月都能享有多次的三天週末假期，並外加六個星期的年假。她開始打網球，也開始將週日版的《世界日報》從頭到尾看一遍。大部分的長週末，她都用來參觀歐洲各地的博物館。「現在我有時間充實我的人生，這對我和我的老闆來說都是好事。」她說：「當你的私生活過得輕鬆快樂，便會工作得更好。我們公司許多同事都覺得自己比以前更有效率了。」

不少規模較大的公司已經漸漸愛上三十五工時制。除了聘用更多員工可獲得課稅減免之外，新制度也讓他們能協商出更有彈性的工作方式。大製造商如雷諾與標緻車廠的員工，便同意在生產旺季延長工作時間，在淡季減少工時。

因此，那些警告說三十五工時會立刻拖垮法國經濟的預言家，結果還是猜錯了。法國的國內生產毛額增加了，而失業率雖仍高於歐盟的平均值，卻也已經下降。生產力依舊很高。事實上，部分證據顯示現在許多法國勞工的生產力都提高了。由於工作時間變少，並且有更多娛樂可期待，使他們更努力地在打卡下班前將工作結束。

然而這其中仍有一些美中不足之處。小型產業業者發現三十五工時制是十分沉重的負擔，多半已經將實施日期延到二〇〇五年的最後期限。爲了支撐新體系所提出的課稅減免方案，使國家財政出現缺口。同時，企業領導人也抱怨這項休閒革命導致法國喪失競爭力。他們的擔憂的確有幾分道理。近幾年來，進駐法國的外資已經減少，因爲各公司選擇把錢投入工資較便宜的國家。這一點，三十五工時制不得不負一點責任。的確，法國經驗點出了在全球化的經濟中，獨立對抗長時工作文化的風險。

此外，三十五工時制也並非所有勞工的福音。有許多人發現自己的薪水被壓低，以彌補交易成本的增加。無論公家或私人單位，雇主所聘用的新員工經常不足，使得原有的雇員必須在更短的時間消化同樣的工作量。藍領階級所受的待遇更是嚴苛。加班的限制已經使他們收入減少，還有很多人無法自行決定休假的時間。那些其實希望有較長工作時間的人，對此制度可說是恨之入骨。

由於在「三十五工時」觀念上投資太多，法國人對時間本身的態度自然比較執著。

政府爲了眞正落實三十五工時制，派出視察員吹毛求疵地在公司停車場數車，在六點過後查看有哪些辦公室還亮著燈。雇主則是比較難以接受喝咖啡和上洗手間的休息時間。如今有些法國商店爲了讓員工能在關門時間準點離開，不得不提早打烊。

這個制度有瑕疵，誰都知道。二〇〇二年，右派政府上臺後跨出第一步，放寬加班限制以緩和新制的衝擊。二〇〇三年九月一個具有指標意義的民調顯示，認爲應該回歸每週工時三十九小時的法國公民略佔多數。其中有三十六％希望永遠回復，十八％則認爲應該暫時回復。但儘管評論家宣稱政府已著手進行反改革，要想全面撤銷新制卻不容易。在花費了數年時間與龐大金錢落實新工時制之後，法國企業已不願再重新經歷那些造成分裂又複雜的協商過程。更何況，支持該制度「少工作、多休閒」的基本哲學的聲浪，依然強大。

至於其他國家——尤其是統制經濟文化較不明顯的國家——所應記取的敎訓是，毫無配套措施地縮減工時會產生嚴重後果，因此打這場仗的形式各地不同。

荷蘭模式

其他歐洲國家採取了以團體協商的方式壓低個人經濟領域的工作時數。荷蘭則經常被視爲採行此漸進式手法的典範。現今，荷蘭人的工作時數幾乎低於任何一個工業國家。他們的標準工時已經降低到三十八小時，二〇〇二年更有一半的勞動人口只工作三十六小時。目前有三分之一的荷蘭勞工是兼職的。這個改變的關鍵在於一九九〇年代通過了一條法令，讓荷蘭人有權利向雇主要求以較低的待遇換取較少的工時。如此干涉勞工市場的行爲令傳統經濟學家們不寒而慄，但卻奏效了。荷蘭人在經濟繁榮之餘，也擁有令人羨慕的生活品質。相較於美國人，荷蘭人花在交通、購物與看電視的時間較少，花在社交、學習、照顧孩子以及運動與休閒的時間較多。其他國家——尤其是日本——也都開始效法「荷蘭模式」。

即使在立法者不願干涉勞工市場的地方，也有人開始挺身反抗全年無休的工作體制。二〇〇二年，英國最傑出的高級公務員之一夏卡拉巴提（Suma Chakrabarti）在了解到他每週只須工作四十小時，一秒也不多之後，才接下他的最新職務擔任國際發展部常任祕書長。爲什麼呢？如此一來他才能每天和六歲的女兒吃早餐，晚上爲她說床邊故事。在大西洋對岸的布希總統，也同樣毫無愧疚地享受著較少的工作日以及悠閒的週末。對於從不放過任何頭條新聞卻開始減少工時的工作強人，有數百萬的普通民衆也同時跟進表達支持之意。雖然減少工作就代表減少收入，卻有愈來愈多人認爲這樣的代價值得付出。英國最近一項民調顯示，想減少工作的人比想贏樂透的人多出一倍。美國一項類似的研究也指出，放兩星期假和多拿兩星期工資之間做選擇的話，選擇假期的美國人多了一倍。在全歐洲，兼職工作已經洗清它「沒有前途」的汚名，成爲愈來愈受歡迎的生活型態。一九九九年一項研究發現，歐盟有七十七%的臨時工是自願選擇較短工時，以便能有更多時間分給家人、嗜好與休息。

在企業食物鏈頂端，有愈來愈多高成就者開始選擇從事自由工作或專案約聘。如此一來，他們想要工作時便能努力工作，而且仍有時間充電、休閒、與家人出遊。這其中有許多人是爲了逃避 dotcom 熱潮。肯普在矽谷一家軟體公司擔任了三年的專案主管，每週工作九十小時。長時間的工作讓他婚姻出現危機，妻子並威脅要帶著雙胞胎女兒離開他。當公司於二〇〇一年倒閉，肯普重新回到就業市場，他決定重新調整。現在，他每週工作四天，幫助公司管理IT系統。現在他的收入依舊優厚，也有充足的時間與家人相處、打高爾夫球。截至目前，尙未有全職的同事表示過不滿或輕視。「說起來他們還很忌妒我的生活方式呢。」他說。

就結果看來，減少工時對財務的衝擊通常沒有預期中嚴重，那是因爲減少工作時間就代表減少我們上班所需的花費：交通、停車、外食、咖啡、速食、安親班、衣服送洗、逛街慰勞自己。收入減少同樣也意味著稅金降低。加拿大的某個研究顯示，有部分勞工以較低薪水換取較短工時之後，每個月銀行的結餘反而增加了。

全球工業國家的企業感受到趨勢之所向，都開始爲員工提供機會解脫長工時的苦刑。即便是瞬息萬變、競爭激烈的產業，雇主們也已察覺到，讓員工的工作與生活更加平衡是提高產能與盈利的不二法門。位於北卡羅萊納州喀里（Cary）的一家重要軟體公司SAS的員工，在工作量允許的情況下可以選擇每週工作三十五個小時，並享受長假的福利。此外，公司內也有完善的服務設備，包括安親班、醫療診所、有鋼琴演奏的咖啡廳和健身房，並鼓勵員工多加利用。美國民衆票選最想服務的公司，SAS向來榜上有名。

工作生活平衡計畫

再往北的加拿大皇家銀行（RBC），由於體恤員工下班後有自己的生活，也獲得不少掌聲。有高達四成的RBC員工，可以在任何一天利用「工作生活平衡計畫」——分工、彈性上下班、縮短工時。在該銀行總部，位於多倫多市中心一棟閃耀的摩天大樓，我見到了杜瑪蕾和李柏曼。這兩位四十多歲、聰明又活力充沛的女性，自從一九九七年開始分工以來便一路平步青雲。到了二〇〇二年，她二人已是推廣海外業務部門的副理。我們約了星期三碰面，那是一個星期當中她們唯一上班時間重疊的日子。她們共用的辦公室十分溫馨，兩個架子上擺著密密麻麻的家人照片。孩子的畫作懸掛在牆上。

她二人的經歷十分類似。取得MBA學位後，開始沿著企業的晉升階梯往上爬，每週工作六十小時，眉頭皺也不皺。但自從有了小孩——她們各有三個小孩——生活變成與時間永無止境的競賽。於是她們決定分攤工作，每人每週工作三天。

雖然收入減少四成，實際上並未造成太大損失，當然了，李柏曼與杜瑪蕾都有個高薪的丈夫，這點不無小補。但多出來的休閒時間卻是無價的。她二人因此能多與孩子相處，讓家庭生活變得更輕鬆、更有成就感。李柏曼六歲的兒子最近還頻頻勸父親開始分工。此外，這兩名銀行主管也感覺更能融入社區。她們現在有空與鄰居、店家聊天，到小孩的學校幫忙，以及從事志工服務。「在家煮飯」也重新回到行事曆來了。「分工之前，我們的三餐經常是亂七八糟的。」杜瑪蕾回憶起來仍心有餘悸。

她二人都覺得與時間的關係整個改善了。加速的慾望已經消失，或至少變淡了。「當你有多餘的時間放慢腳步、重新充電，你就不會對每件事都那麼緊張。」李柏曼解釋道：「你的情緒完全跟著改變，整個人就是變平靜了。」

對ＲＢＣ而言，這份平靜換來了更高的產能——以及更多的緩慢思考。「我禮拜三進公司時，覺得神清氣爽。一切家務都在我的掌握之下——房子乾淨了，食物買了，衣服洗了，孩子們也很快樂。」杜瑪蕾說：「而我不上班的時候卻不只是休養生息，我會思考。下意識裡想的還是工作，所以進辦公室之後，經常會做出更好、更深思熟慮的決定，而不是每次都要立即反應。」二〇〇二年，ＲＢＣ爲了拓展美國市場而招募了一萬一千名新員工，並開始提供彈性工作計畫。

工時縮短，產能更高

形式上縮減工時並不是讓工作與生活更好的唯一途徑，有時候其實只須導正公司文化，糾正「工作時間長就代表做得多」的觀念。萬豪酒店就是個例子。二〇〇〇年，該集團斷定公司主管經常在公司待到很晚，只是因爲他們以爲這是公司的要求，因而導致士氣低落、精神萎靡。

爲了消弭這種拖時加班的文化，萬豪在美國東北的三家飯店實施一個實驗性計畫。他們告訴員工只要工作完畢，無論幾點都可以下班。高階主管爲了帶頭示範，都開始在下午五點或五點以前就回家。三個月下來，一場文化革命顯然已經展開。提早離開或在上班時間抽空去辦私事的員工，不再需要擔心受到冷眼看待或冷嘲熱諷。相反地，大家開始對其他同事的休閒活動感到好奇。平均統計，萬豪的主管們現在每週工作減少了五小時——而產能卻增加了。不必再刻意捱時間之後，他們有了更大的動力去提升效率與速度。負責監督體制改革的萬豪主管孟克對此下了一個結論：「我們學習到一件最重要的事……那就是縮短工作時間，產能仍然不變——有時甚至更高。」這句話應該高掛在所有的會議室與工廠內。

然而，任何反抗長時工作文化的措施都會面臨一些強大阻力。公司的總裁可能制定出全世界最開明的工作制度，但如果底下經理級主管無法配合，就不會成功。某家美國公司最近採行一連串工作生活平衡措施，並獲得董事會全力支持。但是一年後，登記的人數卻遠不及預期。經過調查才發現有幾個部門主管警告說登記之後可能有礙升遷，而使得員工退避三舍。「仍然有很多人對於這種平衡方案抱持懷疑。」該公司的人事經理說：「改變規定只是個開端——同時還得改變人的心態。」

工作生活平衡的阻礙其實經常來自於自身。有許多男性仍持保留態度。在大多數公司，使用工作生活平衡計畫的多半是有小孩的婦女。艾金斯是倫敦一家大型零售商的業務經理，最近當了父親。他也想減少工作時數，卻無法下定決心參與計畫。「每次我一想到這個，腦子裡就會有個聲音小聲地說：『要是耐不了熱，就別進廚房。』」他說。

建立工作與生活的平衡還有另一個障礙，那就是每個人情況不同。例如二十五歲的單身男性會比一個三十六歲、有四個小孩的女性，更能勝任長時間工作，他甚至可能「希望」工作時間長一點。公司必須找出一個方案，獎勵工作較多的人卻不懲罰工作較少的人，而且必須小心避免引爆同事間的敵意。沒有小孩的員工對於有小孩的員工所享受的工時特權，便經常感到忿忿不平。在許多公司裡，不同部門確實很難享受同樣的彈性制度，而這也可能引起摩擦。例如在RBC，證券部門員工的上班時間便比較不具彈性，只因為交易時間一定得有人在。

對許多公司而言，工作生活平衡政策的長期利益——如產能提高、員工流動率降低等——可能敵不過短期內的成本壓力。在利益考量下，壓榨現有員工比雇用更多員工的成本來得低，而競爭壓力也使得許多老闆不得不將工作擺在生活前面。一名英國主管不諱言地說：「我們的競爭太過激烈，如果我們的對手讓員工每星期工作七十小時，我們至少也得維持同樣的工時才能不被淘汰。」看來，立法可能是遏止工時惡性競爭的唯一方法。

自己決定什麼時候工作

不過減少工作時間只是緩慢藍圖中的一部分，人們也希望能決定「什麼時候」工作。他們希望能自己控制時間——而提供這項福利的企業也能獲利。在這個時間就是金錢的時代，賦予員工支配時間的權利已經違反其本質。自從工業革命以來，待遇的多少向來是根據工作時間的長短而非工作的成果而定。但在資訊經濟中，工作與玩樂的界線已經比十九世紀時模糊得多，因此死板的時間表便顯得格格不入。現代有許多工作靠的是在辦公桌前很難找到的創意靈感，因此無法硬性規定固定的時程。讓員工自行選擇工作時間，或是施行責任制，便能讓許多人得到他們所渴望的彈性生活。

多項研究顯示，自覺能掌控時間的人會比較放鬆、有創意，產能也較高。二〇〇〇年，英國某家能源公司聘請了管理顧問來整頓電話中心的班制。結果幾乎一夕之間，產能銳減、客戶怨聲載道，員工也開始離職。由於新制度不許員工對自己的工作時間表示意見，因而整垮了士氣。該公司發現錯誤後，立刻給予員工更多班制上的自由，不久電話中心的產能又恢復原來水準。不少勞工表示，在工作上擁有「時間自主權」，不論是上下班都能讓他們覺得較從容、壓力較小。RBC的杜瑪蕾便能作證：「當你能掌控自己的時間，你做任何事都會覺得比較心平氣和。」

我知道這是事實，因爲我有經驗。一九九八年，在自由工作多年後，我進入一家加拿大報社擔任倫敦特派記者。突然間，我的時間失控了。因爲沒有固定的工作時間，理論上必須七天二十四小時待命。即使沒有接到編輯的電話，他們仍可能隨時來電。由於時差的緣故，我經常在下午接到任務，距離哄兒子上床的時間只有幾個小時，因此要不是飛快地完稿，就得一邊說故事一邊心懸著工作。情況很悽慘。我如此深愛的工作怎麼會變成這麼大的負擔呢？當時，我找了其他理由來解釋：我的編輯太小心眼；報紙報導的方式錯誤；工作時間太長。然而，當我開始研究緩慢運動之後，才清楚地發現根本的問題在於我無力決定自己「何時」工作。那麼我爲什麼還硬是待了三年？我的理由就跟很多人離不開自己不喜歡的工作的理由一樣：害怕失去高薪，害怕有礙前程，害怕讓別人失望。最後，別人爲我做了離職的決定。當報社宣布大量裁員時，我也在名單之列——心中雀躍不已。

如今情況已大大改善。我仍維持同樣的工作時數，有時甚至更多，但我與時間的關係變健康了。既然進度由自己掌控，一整個工作天我便不再感到那麼匆忙與氣惱。離開辦公桌後，無論是說床邊故事或準備晚餐，我也比較不會企圖走捷徑。不錯，我的收入減少了，但這是重新享受工作——與生活——所應付出的小小代價。

賦予職場員工支配時間的權利，的確需要思想上的巨變。但只要夠務實，便能夠也應該實踐。倘若以正確的心態加以利用，資訊科技可以幫助我們達成。「黑莓」即時通訊、筆記型電腦和手機不一定要用來延展工作日，也可以用來重新安排一天。已經有許多公司給予員工更多的時間自主權。以英國爲例，英國電訊、拜耳集團與駿懋銀行（Lloyds TSB）如今已允許雇員訂定自己的工作行程：例如是在家裡工作，或是以自己方便的時間上下班。儘管本質上比較適合白領階級，但時間自主權也逐漸入侵了藍領世界。某些瑞士鐘錶廠便重新擬定生產量，以便讓單一班制的勞工能夠有多達三小時的彈性上下班時間。在格洛斯特夏（Gloucestershire）有一間尼龍工廠也讓員工自行安排時間，只要隨時至少有兩名工人在場就行了。

放慢工作速度

減少工作時間以及在適當的時間工作，好處已經很明顯，但現在我們來思考一下，爲什麼偶爾得放慢工作速度？在這個即時的現代職場上，速度似乎重於一切。Email和手機強迫人立即答覆，期限也隱藏在各個角落。二〇〇一年，「促進生活及工作環境歐洲基金會」（European Foundation for the Improvement of Living and Working Conditions）主導的一項研究發現，歐盟勞工承受的時間壓力比十年前大得多。目前有三分之一的勞動人口爲了應付期限，用掉了全部或幾乎全部的時間。速度在職場上的確扮演著重要的角色。期限可以專一心志，激勵我們有傑出的表現。問題是有許多人始終困在期限的牢籠裡，幾乎沒有時間放鬆、充電。就在我們十萬火急地追趕期限或甚至只是故做忙碌之際，那些需要緩慢的事情——策略計畫、創意思考、關係的維繫——也都隨之散失。

時間減速協會的會員海勒在慕尼黑開了一家律師事務所，放慢工作速度便帶給他許多好處。他原本也和許多其他的律師一樣，匆匆忙忙與當事人開個「進入狀況」的會——花十分鐘研判案情，然後便直接開始處理。但過了不久，他發現自己總得再打電話給當事人問明細節，有時候還因爲方向錯誤不得不重新來過。「大部分人找律師都會有一些明說的目的，比方金錢，和沒有明說的，比方希望被認可或討回公道或報仇。」他說：「想找出當事人隱藏的動機需要時間，但你還是必須知道，才能爲他們提供最好的服務。」近來，他的第一次會面可能持續長達兩小時，並利用這段時間充分了解當事人的個性、境況、價值觀、目的與擔憂。結果，海勒——這個五十六歲、精力充沛、留著山羊鬍且經常帶著頑皮笑容的男人——工作效率提升了，業務也蒸蒸日上。「當事人常常跟我說，找其他律師只有五分鐘能解釋你的需求，交出文件後，就再見了。」他說：「傾聽好像是非常緩慢而過時的做法，其實卻是最上策。最糟的就是衝動行事了。」

時下許多公司正試圖在工作的快慢上找到平衡點，這經常是因爲發覺了科技的不足。Email儘管快速，卻無法捕捉諷刺、絃外之音或肢體語言，因而導致誤解與失誤。就長遠來說，較緩慢的溝通方式——例如走過辦公室，與某人確實面對面——才能節省時間與金錢，並建立團隊精神。爲此，不少公司已經開始督促員工在按下傳送鍵之前，要三思而後行。二〇〇一年，雀巢朗崔（Nestlé Rowntree）成爲英國率先實施「週五無電郵」的公司之一。一年後，英國航空推出一系列以「愈慢愈好」爲主題的電視廣告。其中一支廣告中，有一群生意人將提案傳眞到美國公司後，以爲一定能拿到訂單，不料他們的對手竟特地飛往美國與對方當面談判，因而搶走了生意。

多家企業也開始採取措施，讓工作不再有如日以繼夜的苦刑。永安會計師事務所（Ernst & Young）最近向美國的員工宣布，週末可以不查電子郵件與語音信箱。筋疲力竭的主管也抱著同樣的心情採取非常手段，離開辦公室便關手機。韓卡珂是倫敦某家銀行的投資理財專員，衝勁十足，無論到哪裡總會帶著時髦的Nokia鍍鉻外殼手機，即使正在渡假或享用浪漫晚餐，電話照接不誤。但她也因此付出代價，罹患憂鬱症與慢性疲勞症候群。當心理醫師診斷她得了「行動電話癮」，並極力建議她偶爾關上手機，韓卡珂震驚不已。但她終究還是做了嘗試，起初先在中午休息時間將手機轉成震動，然後是不太可能接到緊急電話的晚間與週末。兩個月不到，她已經不用再吃抗憂鬱劑，膚色變亮了，工作效率也變好了。銀行的同事不但能接受韓卡珂不再二十四小時待命的事實，有些人還甚至效法她。「當時我沒有發現，但其實隨時待命、隨時準備著是在虐待自己。我們都需要有自己的時間。」她說。工作的減速也促使韓卡珂在其他生活方面，騰出時間從事緩慢的活動。她開始學習瑜珈，而且每週至少有兩天會煮像樣的晚餐，而不再以微波爐餐點打發。

爲了避免出現筋疲力盡的現象，增進創意思考，企業精神導師、治療師與心理學家都逐漸爲職場開出緩慢的處方。柯里格（Robert Kriegel）在他二〇〇二年暢銷書《如何輕鬆成功》（*How to Succeed in Business Without Working So Damn Hard*）中，建議一天當中每隔一段時間就要休息十五至二十分鐘。梅約醫學中心行政健康計畫負責人韓斯魯德醫師（Donald Hensrud）提出建言：「盡量關上辦公室的門，讓眼睛休息十五分鐘。

靠在椅背上，做幾個深呼吸。」

即便是高速度、高壓力產業的公司，也漸漸開始幫助員工放慢腳步。有些公司提供支薪長假，希望長時間遠離辦公室能使員工恢復精力，激發他們的創意活力。有些公司則提供在職的瑜珈課程、芳香療法與按摩，或是鼓勵員工不要留在座位上吃午餐。某些企業還設置了「弛放室」。軟體界鉅子甲骨文公司（Oracle）在東京分公司爲員工提供了一個隔音靜心室，木質地板四周舖飾著光滑的鵝卵石與東方藝術品。室內燈光柔和，空氣中飄著淡淡焚香。開關一開，音響設備便會傳出令人心曠神怡的淙淙流水聲。

佐藤剛便對八樓這間聖殿著迷不已。身爲總裁辦公室主任，他每天要工作十二小時，操控著email、會議、電話與預算報告。每當步調過於忙亂時，他便離開辦公桌到靜心室待上十分鐘。「有時候白天裡我會突然覺得需要放慢、放鬆，讓我的心沉澱下來。」他對我說：「也許有人認爲這麼做浪費了十分鐘，但在我看來卻是正確的投資。工作時要懂得開關與快慢，這點很重要。去了靜心室之後，我的心變得更敏銳、更平靜，使我能做出正確的決定。」

充電睡眠

另外有人逐漸將減速推向極致，一個工作天下來假寐多達四十次。雖然在工作時間睡覺是最大禁忌，卻有研究顯示短暫的「充電睡眠」——理想長度約爲二十分鐘——可以增進體力與產能。美國太空總署最近的一項研究指出，小睡二十四分鐘對飛行員的警覺性與表現有神奇的效果。歷史上許多精力充沛的成功人物，都有長期午睡的習慣：如甘迺迪、愛迪生、拿破崙、洛克斐勒、布拉姆斯。邱吉爾更以雄辯的口才爲午睡辯護：「不要以爲白天睡覺就會減少工作量。這是沒有想像力的人所推廣的愚蠢觀念。其實你會做得更多，會在一天內完成兩天的事——要不然，至少也有一天半。」

現代人多半都睡眠不足，午睡也就可能特別有幫助。在世界午睡組織與葡萄牙的午睡之友協會等支持睡眠團體的鼓吹下，工作時小睡片刻的習慣又開始復甦。亞迪五金公司（Yarde Metals）在美國的六間工廠，都鼓勵員工午休時睡個覺，爲此公司特地設置了午休室，每年還會舉辦一次集體午休活動，外加自助式午餐與可笑的服裝。德國北部的小城維希塔（Vechta），也鼓勵公務員午飯後在辦公椅上或回家睡個午覺。從美國工廠到德國市政廳，結果都一樣：員工更愉快、士氣更高昂、產能更加提升。也許有更多的上班午睡計畫正在進行中。二〇〇一年，歐洲的辦公家具大製造商塞杜斯（Sedus）推出一款可以平躺的新式座椅，讓辦公的人也能去見見周公。

此時在西班牙，午睡正以新風貌捲土重來。由於西班牙人大多沒有時間回家吃一頓豐盛的午餐順便睡個午覺，因此 Masajes a 1000（千元按摩）——一個全國性的「午睡沙龍」連鎖——便為所有人，無論是銀行行員或酒保，提供一個以四歐元換取二十分鐘睡眠的機會。

在位於巴塞隆納馬洛卡街的分店裡，每個細節都專為讓人放鬆而設計。牆壁漆上具有安撫作用的淡桃色，房間的燈光溫馨柔和。隱藏式喇叭播放著新世紀音樂。顧客們穿著整齊，跪趴在人體工學設計的椅子上，享受頭部、頸部與背部按摩。若在不知不覺中睡著，按摩師會為他們蓋上厚羊毛毯，然後繼續按摩。我坐進椅子時，房間裡至少有三個人正在輕輕打呼。幾分鐘後，我也加入了。

結束後，我在外面的人行道上，和一位名叫路易斯的年輕業務員攀談起來，他剛剛小睡了十五分鐘，正在整理領帶。他看起來跟我一樣精神奕奕。「這比上健身房好多了。」

他啪一聲關上公事包，說道：「我覺得整個精神都來了，做什麼都沒問題。」

9　慢閒：休息的重要性

巧妙而充分地利用閒暇時間，是文明社會最不可能發生的事。

——羅素（Bertrand Russell）

在一個沉迷於工作的世界裡，休閒這件事非同小可。聯合國於一九四八年正式宣告休閒爲基本人權。半個世紀後，我們的生活已經充斥著關於消遣與玩樂的書籍、網路、雜誌、電視節目與特刊廣告。休閒研究甚至成了專門學科。

如何充分利用空閒時間已不是新鮮話題。亞里斯多德於兩千年前便說過，如何填滿空閒時間將是人類所要面對的重大挑戰之一。在過去，上流社會——偶爾也稱爲「有閒階級」——比任何人都更有時間來思考這個問題。他們成日沉迷於打獵、社交與運動，無須爲錢辛苦奔波。然而到了現代，休閒已經較爲平民化。

只有在娛樂中才能眞正生活

在工業革命早期，一般大衆或是工作過度或是太貧窮，根本無法好好利用自己擁有的空閒時間。但隨著收入增加，工時減少，休閒文化也隨之開啓。休閒也和工作一樣，變得制式化。今天，我們用來塡補餘暇的許多事情，都是承襲自十九世紀。足球、橄欖球、曲棍球與籃球最後演變成觀衆運動。城鎮建造公園供民衆散步與野餐。中產階級加入網球與高爾夫球俱樂部，並湧向新的博物館、劇院與音樂廳。印刷術的進步再加上文盲人口減少，也引爆了閱讀風氣。

即使休閒活動普及了，人們對於其效益仍爭辯不休。維多利亞時期的人多半認爲休閒主要是爲了逃避工作，或是提升工作效果的方法。但也有人更進一步地說，空閒時所做的事會影響生活的結構、型態與意義。「人只有在娛樂中才能眞正生活。人從娛樂中才能建立起自我的眞正架構。」美國隨筆作家雷普莉（Agnes Repplier）說。柏拉圖認爲最高級的休閒娛樂形式就是安靜下來感受世界，現代的知識分子也呼應這個觀點。卡夫卡是這麼說的：「你不必離開房間。安靜地坐在桌前傾聽。甚至不必聽，只要等。甚至不必等，只要安安靜靜、獨自一人。世界便會慷慨獻身讓你揭去面紗。它沒有選擇。它將會忘我地拜倒在你腳邊。」

不斷有人預言二十世紀將是「工作末日」，專家們則懷疑民眾如何應付這麼多空閒時刻。有人擔心我們會變懶惰、墮落、放蕩。經濟學家凱恩斯（John Maynard Keynes）便警告說，大眾會把生命浪費在聽收音機。也有人比較樂觀。一九二六年，美國勞工聯盟主席葛林（William Green）保證縮短工時將會解放男男女女，讓他們能夠「開發出更多心靈與知性的力量」。英國哲學家羅素則預言，多數人會利用多餘的時間充實自己；他們會閱讀與進修，或是養成和緩的、能夠思考的嗜好，例如釣魚、園藝與繪畫。羅素在一九三五年的〈讚美閒散〉一文中寫道，一天工作四小時將使我們變得「比較親切，比較不會折磨人，也比較不會以疑心看待他人」。有了這麼多休閒活動，生活將會甜美、緩慢而文明。

然而七十年後，休閒革命卻依然是個幻想。工作仍然掌控著我們的生活，即使眞的有空，也鮮少用來閒盪在安靜易感的柏拉圖式幻境。相反地，我們就像泰勒的虔誠信徒一樣，忙著用活動塡滿每個空檔。日記中若有一格空白，通常只會引起痛苦而不是帶來快樂。

但話說回來，羅素的預言仍有部份成眞了：人們逐漸投注更多的閒暇時間在緩慢、沉思的嗜好上。園藝、閱讀、繪畫、製作手工藝品——這一切都能安慰愈來愈濃的懷舊情緒，大家懷念的是那個速度狂熱影響力較小的年代，在當時，把一件事做好、從中獲得樂趣比凡事趕趕趕更重要。

手工藝的回溯

手工藝是緩慢哲學的完美呈現。十九世紀生活步調加快之後，許多人便不再喜愛新興工廠大量製造的物品。莫里斯與其他支持英國發起的美術與工藝運動的人，無不譴責工業化的結果使機器佔上風並扼殺了創作靈感。他們的解決之道是重新用手緩慢地、仔細地製作。手工藝匠製作了家具、布料、陶瓷，與其他利用前工業時期的傳統方式生產的物品。手工藝被認爲是連接一個更親善、更溫和的時代的橋樑。如今經過了一百多年，科技似乎再度發號施令，我們對於手工製品的愛好也更勝以往。這點從瑪莎．史都華（Martha Stewart）發起的家政熱潮，從慢食運動的日益蓬勃，從橫掃北美的編織熱，都可窺見端倪。

和烹飪與縫紉等等家事手工藝一樣，編織也在二十世紀後半失寵。女性主義者公然指責家事是對女性同胞的詛咒，是兩性平等的障礙。對於拚命在職場上力爭上游的女性來說，編織只是爲了讓坐在搖椅上的老奶奶排遣寂寥。但如今兩性已處於較平等的地位，昔日的家庭藝術又東山再起。

有新潮的女性主義者黛比·史托勒（Debbie Stoller）大力推廣，又有流行追蹤者力捧爲「新式瑜珈」，如今編織已經是公認的「酷」。好萊塢有一些最具號召力的明星——如茱莉亞羅勃茲、葛妮絲·派特洛、卡麥蓉·迪亞——以此作爲消遣。自一九九八年起，三十五歲以下的美國人之中，有超過四百萬人——其中多半爲女性——培養了這項興趣。在紐約，可以看見穿著 Ralph Lauren 外套和 Prada 鞋子的人，在地鐵內或在星巴克寬大舒服的座椅上，編織得如火如荼。在無數網站上，編織愛好者也彼此交換各類情報，從爲連指手套選擇最好的毛線到解決手指抽筋的問題，無所不包。最新流行的編織商店更販售一些從前只有服裝設計師才買得到的高級紗線——諸如長毛絨或喀什米爾。

洛杉磯一位四十歲的作家莫菲在二〇〇二年所寫的《禪與編織藝術》（*Zen and the*

Art of Knitting)，便迎合了大衆的口味。她認爲針線的復興其實暗示著對膚淺的現代生活還有一股更大的反彈力量。「現在我們的文化非常渴望意義，渴望那些將我們與世界、與其他人聯繫在一起的事物，眞正能夠滋養靈魂的事物。」她說：「編織是花時間去感受生活，去找出那個意義和那些聯繫的一種方式。」

在北美各地的客廳、大學宿舍與員工餐廳裡，到處都有婦女加入編織的圈子，一面編織一面建立友誼。她們做出的毛衣、帽子和圍巾，讓她們在現今消費主義的短暫樂趣之外有不同的選擇。雖然工廠製造品可能比較實用、耐久、美麗，甚至更能啓發靈感，但光是量產這一點就已經讓它們毫無價值可言。而獨特、怪異且不完美的手工製品，例如手織披肩，便帶著創作者的印記。我們可以感受到製作過程中花費的時間與心力，也因此對它有更深的依戀。

「在現代世界裡，我們可以如此輕易、如此廉價、如此快速地購物，因而使我們所買的東西失去價值。如果你可以一次買到十幾個一模一樣的東西，這樣東西還有什麼價值呢？」莫菲說：「至於手工製品卻意味著有人投注了時間，因此賦予了它眞正的價值。」

當初莫菲是在偶然的機會中開始編織的。一九八四年她前往愛爾蘭，不料跟腱受傷，兩個月無法行走。於是她開始編織排遣時間，進而發現編織極具安撫作用。

編織在本質上就很緩慢。你不能按個鈕、撥個鍵或按個開關，就編織得快一點。編織眞正的樂趣在於過程，而不是到達終點。研究顯示編織針反覆而有節奏的動作，可以減緩心跳速度、降低血壓，讓編織者慢慢進入一種平和的、近乎冥想的狀態。「編織最好的一點就是緩慢。」莫菲說：「正因爲它緩慢，我們才能看見編織一件毛衣的每個細微動作與生俱來的美。因爲它緩慢，所以我們知道工作無法在今天完成——可能好幾個月也無法完成——這也讓我們能平心靜氣地面對生活無解的本質。當我們編織時便會放慢下來。」

許多編織者利用這項嗜好作爲對抗現代生活壓力與繁忙的手段。他們會在重要會議前後、多方通話會議進行中或辛苦工作了一天之後編織。有人說即使放下編織針後，安撫的效果仍會持續，有助於他們在瞬息萬變的職場上保持冷靜。莫菲發現編織能幫助她在不知不覺中進入緩慢思考模式。「我能確實感覺到大腦活動的部分關閉起來，這樣有助於解開我糾結的思緒，對於一時的寫作窒礙有很神奇的療效。」她說。

編織熱最終會在二十一世紀完全冷卻嗎？很難說。風潮時尚是出了名的善變。針織服飾現在也許很流行，但萬一*Vogue*雜誌封面不再出現厚重毛衣與時髦圍巾呢？有些針織迷很可能會將編織針束諸高閣，繼續追求下一個流行。但多數人卻會繼續。在快速的高科技社會，能幫助人放慢速度的低科技嗜好，魅力必定不會消失。

不只是園丁

園藝也一樣。幾乎在每個文化中，庭園都是一處聖地，一個休息沉思的地方。日本話裡的「庭」字更代表著「拜神的淨地」。園藝的行爲本身——種植、修剪、除草、澆水、等待成長——便能幫助我們放慢。園藝和編織一樣，不適於加速。即使在溫室裡，也無法命令植物開花或是改變時序來配合你的計畫。大自然有它自己的時間表。在這個一切都要達到最高效率的匆忙世界，依從自然的節奏也許會有治療效果。

園藝是在工業革命時期開始流行起來的休閒活動。它讓都市人享受到一點田園情調，爲新城市中狂亂的生活步調提供了緩衝劑。風氣由很早便工業化的英國所帶起。十九世紀時，由於空氣汚染嚴重，倫敦市區與其他城鎮難以大量栽種植物，但外圍郊區的中產階級卻開始整建有花壇、灌木與水景的裝飾花園。

快速進入二十一世紀後，園藝又再次佔領優勢。現在有太多工作只是整天盯著電腦螢幕上跳動的資料，於是人們漸漸迷上將手插入土中那種簡單、緩慢的樂趣。園藝也和編織一樣，擺脫了退休老人的消遣的形象，一躍而成不同年齡層與背景人士最新的鬆弛方式。《時代》雜誌最近也向新興的一股「園藝新貴風」（Horticulture Chic）致意。在全球的工業社會中，有大批年輕人湧向園藝中心與苗圃，尋求完美的植物、灌木或陶盆。根據二〇〇二年全國家庭問卷調查發現，美國現在從事園藝活動的人數創新高，達七千八百三十萬人，園藝因而成爲全國最熱門的戶外休閒活動。英國也不例外，園藝節目佔據了電視的黃金時段，使得狄莫克（Charlie Dimmock）與狄奇馬希（Alan Titchmarsh）等「綠拇指」主持人成爲家喻戶曉的人物。「園丁問題時間」是BBC電視臺於第二次世界大戰後開播的廣播節目，自一九九〇年代中期以來，聽衆人數成長了一倍。

年輕、時髦的都會人詹姆士（Matt James）是園藝界的新面孔。他主持的英國電視節目「城市園丁」，教導忙碌的都市人如何在家門前騰出大自然的空間。詹姆士相信園藝能夠讓我們與節令重新產生聯繫，也能夠使人與人的關係更親密。「園藝不只是回歸自然。」他說：「設計得宜的庭園是朋友聚會，開幾瓶啤酒，烤烤肉的好地方。其社會意義非常重要。」

詹姆士對園藝的熱愛遺傳自母親，自從畢業之後便成爲他的嗜好與職業。與土壤植物爲伍能夠讓他放慢速度，這是他覺得最寶貴的地方。「一開始接觸園藝可能會讓你沮喪得不得了——植物在你手上死去，工作好像永遠做不完——但只要過了這第一道門檻，就會覺得非常平靜而輕鬆。你可以關閉自己，獨自一人，讓你的思緒神遊。」他說：「現在，每個人隨時都很匆忙，因此更加需要像園藝這種較爲緩慢的消遣。」

這些話畢爾森（Dominic Pearson）是再贊同不過。他今年二十九歲，在倫敦某家銀行擔任交易員，屬於快車道工作者。他的電腦螢幕上數字整天閃個不停，迫使他必須在瞬間做出可能讓雇主賺進——或是賠上——數百萬的決定。畢爾森原本已習慣交易所的嘈雜喧擾，並賺取不少獎金。但當看好的股市行情大幅滑落後，他開始焦慮痛苦。女友建議他試試園藝。畢爾森是個愛喝酒、愛打橄欖球的大男人，自然沒有太大把握，但仍決定一試。

他拆掉位於海克尼（Hackney）的公寓破舊的後陽臺，改鋪上舊的鋪路石和一小片草地，邊緣則種植玫瑰、番紅花、薰衣草、黃水仙、冬茉莉與紫藤。另外還有爬滿藤蔓的長春藤和蕃茄。後來，他又在屋裡擺滿盆栽。三年後，他的家提供了感官上的一大享受。夏日午後，艷陽高照的庭院更是芳香醉人。

畢爾森覺得園藝讓他成爲更成功的交易員。當他在除草或修剪時，心會慢慢沉澱，一些工作上的好點子都是在這個沉靜時刻想出來的。他在交易所時不再那麼緊張，晚上也睡得比較安穩。無論做什麼事，畢爾森都覺得比較平和、投入，不再那麼匆忙。「園藝就像不用付診療費的治療。」他說。

反電視運動

但辛苦工作一天之後，多數人拿起電視遙控器仍比拿起小鏟子或編織針的機率要來得大。看電視輕易地便躍升爲全球第一的休閒活動，佔去我們絕大部分的空閒時間。美國人平均每天大約看四小時電視，歐洲人約爲三小時。電視可以提供娛樂與資訊，可以轉移注意力甚至讓人放鬆，但嚴格說來卻並不緩慢。我們沒有時間暫停或思考，電視會掌控步調，並且通常是快速的——連珠砲似的畫面、急促的對話與快速的攝影剪接。而且當我們看電視時，無法建立聯繫，只是坐在沙發上不斷吸收影像與文字，沒有任何回饋。大多數研究結果都顯示電視迷比較少從事能眞正讓生活愉快的活動，如烹飪、與家人聊天、運動、做愛、社交、做義工。

爲了尋求更充實的生活型態，許多人都開始戒除看電視的習慣。反電視運動以美國進行得最熱烈。自一九九五年起，有一支名爲「關機組織」的陳情團體，每年都會鼓吹民衆在四月間一整個星期不開電視。二〇〇三年，美國國內外的參與者高達七百零四萬人，破了紀錄。原本成天窩在沙發上的人減少看電視的時間以後，多半發現自己能從事更多眞正的緩慢活動。

全民讀書會

其中一項是閱讀。如同編織與園藝，這個坐下來投入一篇文字的行爲也挑戰著速度狂熱。套一句法國哲學家維希留（Paul Virilio）的話說：「閱讀需要時間思考，這種放慢速度的行爲會破壞一般大衆的動力效率。」儘管書籍的整體銷售呈現沉滯或下滑的現象，仍有不少人——尤其是受過教育的都市人——管他什麼動力效率，還是會窩起來看一本好書，甚至可以說有閱讀復興的跡象。

就看看哈利波特現象吧。不久前，傳統學者聲稱年輕人的閱讀習慣已死。書本對一個靠著電玩遊戲成長的世代而言，太過無聊、緩慢。但羅琳（J. K. Rowling）卻改變了這一切。這些日子來，全世界有數百萬的孩子入迷地讀著她的哈利波特小說，最新出版的一本甚至厚達七六六頁。年輕人在發現文字的樂趣之後，現在也開始接受其他作家的作品。閱讀甚至變得有點酷。孩子們坐在學校巴士後座上，翻著普曼（Philip Pullman）與史奈奇（Lemony Snicket）的最新作品。這一路走來，兒童創作從出版界的一灘死水變成閃耀之星，不僅銷售量大增還有電影搭配發行。二〇〇三年，海鸚出版社（Puffin）付給露易莎楊（Louisa Young）百萬英鎊買下《獅子男孩》（*Lionboy*）的版權，故事敘述一個男孩被花豹抓傷後，發現自己會說獅語。英國自一九九八年以來，童書的銷售量已經攀升四成。

讀書團體的興起則是閱讀回溫的另一跡象。讀書會始於一七〇〇年代中期，一方面用來交換當時十分昂貴的書本，一方面則是社交與知性論壇的場合。兩個半世紀過後，讀書團體如雨後春筍般冒出，包括媒體在內。一九九八年，BBC在第四廣播電臺針對高級知識分子開闢了每月一次的「讀書俱樂部」節目，後來於二〇〇二年在國際臺又增鬪一個屬性相近的節目。歐普拉在一九九六年發起了影響深遠的讀書俱樂部。她在節目上介紹的小說，即使作者沒沒無聞，也照樣能竄升成爲暢銷書。二〇〇三年，停辦了十個月的讀書俱樂部重新開張，歐普拉將焦點集中於古典文學作品。她推薦了史坦貝克的《伊甸園東》之後不到二十四小時，這本一九五二年初版的小說立刻從 Amazon 銷售量排名第二三五六名竄升到第二名。

讀書會吸引的是工作繁忙又想找一個有意義的方式來紓解壓力、進行社交的專業人士。二〇〇二年，丹波絲基加入費城的一個團體。她是英國文學系畢業生，但自從開始高階主管招募工作之後，看書時間便愈來愈少。有一天，這名三十二歲的女子頓時發現自己已經六個月沒有拿起書來。「這是生活失衡的警訊。」她說：「我想重拾看書的習慣，但我也將閱讀視爲重新平衡生活步調的方式。」爲了有時間看書，她開始少看電視，也逐漸減少加班。「我早已經忘記抱著一本好書坐上一整晚，是何等輕鬆自在。」她說：「你會進入另一個世界，於是所有的小煩惱，或甚至大煩惱，都跟著消失了。閱讀讓事物增添一種不同的、較緩慢的語域。」

緩慢閱讀

閱讀對許多人而言已經是夠緩慢的行爲，卻還有人努力地進一步放慢閱讀速度。曾形容自己是個「快車道A型人」的波蘭裔美國作家霍華（Cecilia Howard），將閱讀與運動拿來作比較：「我的座右銘是任何值得閱讀的書都值得慢慢地讀。這可以視爲精神層面的SuperSlow運動。如果你眞的想練肌肉，動作就得愈慢愈好。如果你想做最劇烈的運動，就要慢到幾乎靜止。我們就得用這種方法閱讀艾蜜莉・狄金森（Emily Dickinson）的書。」

以色列作家阿默斯・奧茲（Amos Oz）也持相同看法。在最近一次訪談中，他力勸大家看書時要慢一點。「我很推崇緩慢閱讀藝術。」他說：「我所能想像或曾經歷過的每一種樂趣，如果能一點一點品嚐、慢慢地來，會更愉快、更有樂趣。閱讀也不例外。」

緩慢閱讀不一定意味著每分鐘所看的字數減少。關於這點，問問哈特莉——一位英國教師兼讀書會專家——便能分曉。二〇〇〇年，她在倫敦參加的讀書會選中狄更斯的《小杜麗》（*Little Dorritt*），並決定仿效當時讀者的閱讀方式——每月集會一次，共花了一年半的時間。這是爲了對抗現代人急於一口氣讀完的心態，但等待是値得的。每一位讀書會員都深愛這種慢速閱讀方式。爲了教課已經將這本小說看過六遍的哈特莉，卻從更緩慢的閱讀中發現過去從未留意到的細節與微妙筆法，因而欣喜不已。「當你很快瀏覽過去，就會忽略一些幽默與伏筆，以及狄更斯玩弄祕辛與隱藏情節的手法。讀慢一點要好多了。」她說。在羅漢普敦（Roehampton）蘇里大學（Surrey）任教的哈特莉，現在也拿學生作實驗，讓他們花一整個學期讀《米德馬爾奇》（*Middlemarch*）。

另外在幾千哩外的加拿大大草原上，萊斯布里奇大學（Lethbridge）的教育學教授柏奈特，則想到運用高科技緩慢閱讀的方式。無論他讀什麼內容的書——在機場打發時間用的小說不算——都會寫在網路日記上。每讀完一個段落，他就會上傳重要的引述與觀點、關於情節與人物的基本細節，以及他自己的感想。柏奈特每分鐘閱讀的字數仍舊不變，但卻得花上二到四倍的時間才能看完一本書。我與他聯絡上時，他正在慢慢地閱讀《安娜卡列妮娜》，先讀一兩個小時，然後再花相同的時間將他的想法與感覺寫到網路日記上。托爾斯泰對人類際遇的深刻描述使他深深著迷。「我發現自己現在看書的體悟更深。」他說：「緩慢閱讀有點像是對抗我們目前所處的快速狀態的一帖良方。」

這句話也能用來形容藝術。繪畫、雕刻，或任何藝術創作的行爲，都與緩慢有著特殊關係。誠如美國作家貝婁（Saul Bellow）曾經說過的：「藝術可以說是在混沌之中達到靜止狀態。這種靜止狀態有如……颱風眼……在渙散之中攫取注意。」

世界各地的藝術家藉由作品展示，將我們與速度的關係攤在顯微鏡下，而通常這些作品都試圖要讓觀賞者轉入一個比較平靜、沉思的情境。最近有一支錄影作品，呈現的是挪威藝術家佛絲塔（Marit Folstad）使勁地要將一個紅色大氣球吹破。她的目的是讓觀看者將速度放慢到能夠進行思考。「我將一連串視覺效果集中在身體、呼吸與肉體緊繃的延伸極限，爲的就是讓藝術觀賞者能慢下來。」她說。

在日常生活中，除了畫廊與畫家的閣樓之外，人們已經逐漸將藝術作爲減速的方法。我在東京第一個看到的英語看板正是藝術放鬆課程的招牌。鈴木和仁便利用畫畫來放慢腳步。他現年二十六歲，是東京的一名網頁設計師，每天追著期限跑，總覺得自己就快油盡燈枯。爲了避免這種下場，他於二〇〇二年報名上美術課。現在，每週三晚上，他都花上兩三個小時，和另外十幾個學生一起畫靜物與人體。沒有期限，沒有競爭，不趕時間——只有他和他的藝術。在他住的小公寓裡，鈴木也會用水彩畫各種東西，有水果盤也有微軟手冊。他最近畫的一幅是春日早晨的富士山。在他的書房裡，畫架距離電腦只有幾公尺，陰與陽，工作與休閒，極度和諧。「繪畫讓我在快與慢之間找到平衡，所以我覺得比較平靜，比較不會失控。」他說。

Tempo Giusto 音樂會

音樂也能有類似的效果。唱歌奏樂，或是聽他人唱歌奏樂，可說是最古老的娛樂形式之一。音樂可以是振奮的、刺激的、活潑的，也可以緩和與放鬆，而後者正是現今大多數人所追求的目標。刻意利用音樂來舒緩身心，並不是新的觀念。一七四二年，當時在薩克森宮廷擔任俄國大使的凱塞林伯爵（Kaiserling），委託巴哈寫一點樂曲幫助他入眠。於是巴哈寫出了郭德堡變奏曲（Goldberg Variations）。經過兩個半世紀後，就連一般人也會利用古典音樂作爲放鬆的工具。廣播電臺播放安定身心的緩慢樂曲的節目，比比皆是。架上標有「放鬆」、「醉人」、「弛放」與「舒緩」等字眼的古典專輯更是不可勝數。

不過嚮往緩慢節奏的卻不只是一般聽衆。現在有愈來愈多音樂家——最新估計約有兩百人——認爲現代人演奏的許多古典樂曲，速度都太快。這些反對者當中有不少人參與了一個名爲「Tempo Giusto」（正確速度）的運動，任務是說服各地指揮家、樂團與獨奏者做一件不現代的事：放慢速度。

爲了深入了解，我飛往德國欣賞一場 Tempo Giusto 音樂會。那是一個無風的夏日傍晚，一小群人排隊走進漢堡近郊一個社區中心。門口海報上印的演出內容，是大家所熟悉的貝多芬與莫札特的奏鳴曲。在陽光照射進來的現代禮堂內，有一架大鋼琴獨自立在一排窗戶底下。坐定位後，聽衆們開始做最後的準備動作：關掉手機，然後以賣弄的姿態清清喉嚨，這是全世界愛聽音樂會的人多半會有的習慣。這個開場和以前聽過的演奏會大同小異——直到鋼琴演奏者走進來爲止。

克林姆（Uwe Kliemt）是個身材結實的德國中年人，走路時腳步輕盈，眼中閃著光芒。他並沒有立刻坐到鍵盤前面開始彈奏，而是往閃亮耀眼的史坦威鋼琴前面一站，對聽衆說道：「我想跟各位談談緩慢。」接著，和歐洲巡迴的每一場表演一樣，他發表了一段簡短演說，說明速度崇拜的弊病，還一面揮動眼鏡加強語氣，就像指揮家舞動指揮棒似的。巧的是，克林姆也是時間減速協會的會員，當他簡單陳述緩慢哲學的要點時，一陣交頭接耳的認同聲傳遍整個聽衆席。「如果只因爲我們有能力，或因爲我們覺得有必要，就加速每一件事，這是沒有意義的。」他說：「生命的祕密始終在於追求 tempo giusto。尤其在音樂領域上更是如此。」

克林姆與其盟友一致認爲音樂家開始加快演奏速度，是在工業時期開展之初。由於世界腳步加快，演奏也跟著加快。十九世紀初，聽衆愛上了新一代的鋼琴大師，其中包括天賦過人、彈奏技巧出神入化的李斯特。對大師而言，加快節奏才能炫耀自己的技巧——也能讓聽衆心神激盪。

樂器製造技術的進步可能也是彈奏加快的因素之一。十九世紀期間，鋼琴開始活躍起來。它比大鍵琴和翼琴等前身更有力，更適合彈奏和紘。一八七八年，布拉姆斯寫道：「使用鋼琴……一切都來得更快，更活潑得多，節奏也更輕快。」

音樂教學染上了工業化的色彩，反映出現代人對效率的著迷。學生開始練習彈奏，而非作曲。一種長時文化就此確立。現代學鋼琴的人每天可能花六到八小時敲琴鍵。根據蕭邦的建議則不該超過三小時。

依克林姆的看法，這一切趨勢都是促使古典音樂加速的原因。「想想二十世紀以前最偉大的卡農作曲家——巴哈、海頓、莫札特、貝多芬、舒伯特、蕭邦、孟德爾頌、布拉姆斯。」他說：「我們都把他們的作品演奏得太快了。」

這並非主流意見。音樂界人士大多沒有聽過 Tempo Giusto，聽過的人也多半置之一笑。不過有一些專家卻能接受古典音樂速度太快的觀點。事實上的確有證據顯示，部分樂曲的彈奏比以前快。李斯特在一八七六年十月二十六日的一封信中寫道，他花了「將近一個小時」彈奏貝多芬的第二十九號鋼琴奏鳴曲。事隔五十年，史納貝爾（Arthur Schnabel）卻只需四十分鐘。今日某些鋼琴家更在三十五分鐘內彈完同一首曲子。

早期的作曲家曾譴責演奏者中了倉卒之毒。莫札特本身便曾爲了怪異的節拍大發雷霆。一七七八年，他在一個晚宴上，聽到當代首席音樂家佛格勒（Abbe Vogler）荼害他的C大調奏鳴曲KV三三〇之後，憤怒地寫了一封信給他的父親：「您應該不難想像當時的情形實在令人難以忍受，因爲我克制不了自己，只想去告訴他：『太快了。』」莫札特的心情，貝多芬完全可以理解。「他們熟練的手指總是急著隨著情緒，有時甚至隨著心一起脫離。」對於節拍加速的不信任持續到了二十世紀。據說馬勒曾經告訴初出茅廬的指揮家，如果覺得聽衆開始無聊就應該放慢而不是加快拍子。

Tempo Giusto 的音樂家就像從事較廣義的緩慢運動的人士，對速度本身並無偏見。

他們反對的只是現代人認定愈快絕對愈好的觀念。「速度能給人刺激的快感，在生活與音樂中都需要有這個部分。」克林姆說：「但必須有個限度，不能永遠利用速度。例如酒喝得快便很愚蠢，莫札特彈得太快也很愚蠢。」

不過找到「正確的」演奏速度並不如想像中容易。即使在最好的情況下，音樂節拍還是個模糊的概念，與其說是科學倒不如說是藝術。一首樂曲的演奏速度可能因情況而異——音樂家的心情、樂器型態、演奏的性質、觀衆的特性、地點、音響、時段，或甚至室溫。鋼琴家在爆滿的音樂廳所演奏的舒伯特奏鳴曲，和在家裡爲三五好友彈奏的方式絕不可能一模一樣。即便是作曲家本身，也曾視表演場合而改變自己作品的節奏。多數音樂作品都能以不同速度演奏出不同效果。英國的音樂學家唐寧頓(Robert Donington)是這麼說的：「……一首樂曲的正確節奏就要像合手的手套一樣，適合演奏當時表演者所作的詮釋。」

但偉大的作曲家果眞會爲作品記下他們所認爲的「正確」節拍嗎？其實倒不盡然。有許多根本沒有留下速度記號。巴哈作品中的指示幾乎全都是他的學生與學者在他死後加註上去的。直到十九世紀，作曲家多半以 presto（急板）、adagio（柔板）與 lento（慢板）等義大利字眼來標註節拍——這些都能由演奏者自由詮釋。就andante（行板）而言，現代鋼琴家與孟德爾頌會有相同體認嗎？梅智（Maelzel）節拍器於一八一六年發明後，仍未能解決這個問題。十九世紀有不少作曲家都努力地想將這小器械的滴答滴答，轉變成有意義的節拍說明。一八九七年去世的布拉姆斯給韓歇爾（Henschel）的一封信中，曾概略提到這個困擾：「就我個人的經驗，每個標註過節拍器記號的作曲家遲早都會將記號取消。」更糟的是，後代發行樂譜的人又養成了補充與改變節拍指示的習慣。

Tempo Giusto試圖發掘早期作曲家的眞正構思，卻引發無數爭議。一九八〇年，荷蘭音樂學家塔斯馬（W.R. Talsma）在名爲《古典樂的重生：如何使音樂去機械化》（*The Rebirth of the Classics: Instruction for the Demechanization of Music*）的書中，奠定了該運動的哲理基礎。他詳盡地研究史料與樂曲結構後所推得的論點是，我們對節拍器記號的詮釋完全錯誤。每一拍應該是滴答兩聲（由右至左，再回到右），而不是一般練習使用的單一聲。因此爲了遵從二十世紀以前作曲家的要求，我們應該將演奏速度減半。然而，塔斯馬認爲較慢的樂曲——例如貝多芬的「月光奏鳴曲」——則不應該放慢這麼多，甚至無須放慢，因爲工業時代早期的音樂家爲了加強傷感並強調快慢之間的對比，已經是以較慢或原始的速度演奏。不過並非所有的 Tempo Giusto 會員都認同這種說法。德國作曲家也是一九八九年出版的《超急板：重新發現音樂的緩慢》（*Prestississimo: The Rediscovery of Slowness in Music*）一書的作者威麥爾（Grete Wehmeyer），便認爲現代人演奏二十世紀以前的古典音樂，無論樂曲快慢，全都應該將速度減半。

Tempo Giusto 的音樂家可能支持塔斯馬或威麥爾的看法，也可能持中立態度。有些人比較不在乎節拍器記號，卻比較注重歷史的證據與對的感覺。然而，支持該運動的每個人都同意，較慢的速度才能呈現一首樂曲的內涵，使其眞實特色藉由音符與細緻入微的演奏流露出來。

即使抱持懷疑態度的人也可能受影響。現今，Tempo Giusto 運動在管絃樂界最具代表性的人物，很可能是出生於巴西，現任布達佩斯歐洲愛樂管絃樂團指揮的柯布拉（Maximianno Cobra）。雖然柯布拉於二〇〇一年灌錄的貝多芬傳奇作品第九號交響曲，比主流的演奏法長了一倍的時間，卻仍博得了一些好評。其中評論家艾倫（Richard Elen）便說：「這場演出披露了許多平常總是一帶而過，幾乎難以聽到的內部細節。」艾倫雖然不喜歡這種緩慢的表演方式，卻不得不承認這可能比較接近貝多芬的原意，因此給了柯布拉「非常好」的評語。

這裡有個問題：如果我們演奏的某些古典樂果眞速度快於前人，眞有那麼糟糕嗎？世界在改變，人的感受也在改變。我們已經學會喜愛一種更快速的音樂節奏，這是不爭的事實。整個二十世紀，節奏不斷加強加快，ragtime（散拍音樂）下臺，搖滾、迪斯可、重金屬與 techno 相繼接棒。當詹恩（Mike Jahn）於一九七七年出版《如何使唱片暢銷》（*How to Make a Hit Record*）時，他向未來的流行之星建議每分鐘一二〇拍是舞曲的最佳速度，並說每分鐘超過一三五拍只能投速度狂之所好。到了一九九〇年代初期，drum 'n' bass 與 jungle 直衝上每分鐘一七〇拍。一九九三年，techno 巨星摩比（Moby）發行了金氏世界紀錄列爲史上最快的一支單曲。這首「Thousand」（一千）以每分鐘一〇〇〇拍的眩人速度狂飆，有些聽衆還因爲受不了而掉淚。

古典音樂也同樣不斷發展，速度的極端變化在二十世紀開始蔚爲風潮。今日管絃樂團的聲量遠比以前更大，而我們欣賞古典樂曲的方式也改變了。在這個忙碌快速的社會裡，誰還有空坐下來將一首交響樂或一齣歌劇從頭到尾聽完或看完？通常我們會去找ＣＤ精選集。古典樂廣播電臺深怕聽衆感到無聊，便利用快嘴ＤＪ、十大排名倒數與各種小競賽的方式，營造熱鬧氣氛。有些人偏愛較短的曲目與較快的演奏，有些人則縮短作曲家原來樂譜中的延長部分。

這一切都會使我們以不同於過往的方式體驗音樂。也許每分鐘一〇〇拍的速度在一七〇〇年代會令人悸動，但在摩比的年代卻比較可能引來哈欠。爲了CD的銷售與音樂廳的票房，二十世紀的音樂家除了加快某些古典樂的速度之外，恐怕別無他法。而這或許也沒有那麼嚴重。克林姆便不希望完全排除較快的演奏方式。「我不想獨斷地告訴每個人應該怎麼演奏，因爲這裡頭有變化的空間。」他說：「我只是覺得如果民眾有機會以開放的胸襟，聽聽自己喜歡的音樂以較慢的速度演奏，就會打心裡明白這樣比較好聽。」

當克林姆終於坐到漢堡的鋼琴前面時，關於速度的激辯正在我腦中轟轟作響。接下來是音樂會與座談會交叉進行。每個樂章開始前，克林姆先以主流音樂家所採行較快的速度演奏幾個小節，然後以他自己較慢的節奏演奏同一段音樂，接著再說明兩者的差異。

節目的第一首曲子是莫札特著名的C大調奏鳴曲KV二七九。這首曲子我常聽巴倫波因（Daniel Barenboim）的錄音版。克林姆一開始便用現代聽眾熟悉的速度彈一小段，聽起來不錯。接著他放慢到他所認爲的「正確速度」。他的手指輕撫琴鍵，一面陶醉地搖頭晃腦。「當你彈奏得太快，音樂會失去它的魅力、它的細微處、它的特色。」克林姆對我們說：「因為每個音符都需要時間去展現，你需要慢慢地帶出旋律與樂趣。」速度放慢以後的奏鳴曲KV二七九，起初聽來有點怪，但後來我開始體會出其中的韻味。至少在我這個不專業的人聽來，tempo giusto 版本比較豐富、飽滿、優美，效果很不錯。根據我偷偷帶進會場的馬錶計時結果，克林姆演奏這首奏鳴曲的三個樂章共費時二十二分又六秒。而在我同樣樂曲的CD上，巴倫波因只花了十四分鐘。

克林姆也和塔斯馬一樣，主張應該將較快的樂曲放慢，較慢的樂曲則維持原來速度。但他以為彈奏 tempo giusto 並不只是重新詮釋節拍器記號，還要投入音樂之中去感受每一個輪廓，去發覺樂曲的自然節拍，亦即它的「eigenzeit」（自己的時間）。他最感興趣的是以人體律動配合音樂節奏。一七八四年，莫札特發表一首著名的奏鳴曲，名叫「Rondo alla Turca」（土耳其進行曲）。現代鋼琴家大多以最適合奔跑或至少慢跑的輕快速度彈奏此曲，克林姆將速度放慢後，則較像是行軍。此外舞蹈也是一項標準。許多早期古典音樂都是為舞蹈而寫，也就是說昔日搽脂抹粉的貴族必須清楚聽到音符，才知道何時該踩下一步。「在莫札特時代，音樂仍有如語言。」克林姆說：「如果演奏太快，誰都聽不懂。」

音樂會繼續進行著。其後三首曲子，一首莫札特的幻想曲，兩首貝多芬的奏鳴曲，克林姆都以同樣方式處理，感覺美妙極了，既不死氣沉沉也不沉悶或無聊。畢竟，音樂家放慢速度之後，仍可利用強烈節奏製造速度與活力的感覺。緩慢的莫札特比快速的莫札特好聽嗎？老實說，這是個人喜好問題。就好像流行歌星在MTV裡面將他們的快速歌曲「原音重現」一樣。在這個步調快速的世界，也許兩者都有生存空間。至於我個人，雖然偏愛 Tempo Giusto 風格，卻也還是喜歡聽巴倫波因演奏莫札特和貝多芬。

爲了打聽民意，漢堡的演奏會結束後我私下作了調查。一名年紀較大、頭髮蓬亂的學術派男子，並不覺得感動。「太慢了，太慢了，太慢了。」他喃喃地說。不過其他人似乎聽得很愉快。穿著乳白色外套和花襯衫的中年稅務稽查員畢雪芙，是克林姆的長期仰慕者。她感謝他讓自己眞正見識到巴哈的才華。「聽克林姆的演奏，眞的很美，是一種全新的音樂欣賞方式。因爲你能聽到他演奏的音符，旋律更加流暢，音樂也似乎更活了。」她說話時流露出的陶醉神情，很難與稅務稽查聯想在一起。

當晚，克林姆至少多收了一名信徒。演奏會後排隊等著見他的觀衆當中，有一位穿著白色套頭衫、態度眞誠的二十九歲女子，名叫史碧黛。她主修小提琴，以前總是以主流演奏家偏愛的速度刻不容緩地拉琴。「在音樂學校裡，十分重視技巧，所以大家都演奏得很快。」她告訴我：「我們聽到的演奏很快，自己的練習很快，演奏起來自然很快。快的速度讓我覺得很舒服。」

「你覺得克林姆如何？」我問她。

「很棒。」她說：「我本來以爲速度慢會很無聊，但一點也不。這樣的音樂有趣多了，因爲你可以聽到快速演奏時聽不到的細節。結束以後，我看看手錶心想：『哇，都兩個小時了。』時間過得比我想像中快多了。」

不過史碧黛不會因此急著加入 Tempo Giusto 運動。她還是喜歡快速演奏，她知道放慢速度會影響她在校的成績，也可能粉碎她進入管絃樂團工作的夢想。「現在我不能選擇在公開場合以緩慢的方式演奏，因爲觀衆想聽快節奏。」她說：「不過我自己練習的時候，可能偶爾會放慢一些。我還得想想看。」

對克林姆而言，這已經是一大成就。緩慢的種子已經播下。當聽衆漸漸消失在柔和的暮色中，我們仍徘徊於停車場，欣賞赤紅的夕陽。克林姆興致十分高昂。的確，他知道 Tempo Giusto 還有一場硬仗要打。古典樂界的重量級人物有已經出版的書目要推銷，有自己的聲譽要維護，哪有時間理會這個宣稱他們這輩子都以錯誤的速度演奏與指揮的運動呢？就連克林姆本身也還在琢磨所謂的 tempo giusto。要找出正確的速度可能會碰上許多考驗與錯誤：他現在錄製的一些樂曲就比他十年前錄的更快。「也許我剛剛接觸到緩慢的概念時，有點過火了。」他說：「這其中還有很多地方有待商榷。」

然而，克林姆卻帶著救世的熱忱到處宣導。他和其他的 Tempo Giusto 會員都相信，這個運動可能是這一百多年來，古典音樂所面臨的最大革命。而其他緩慢運動的進展則讓他更有信心。「四十年前，大家都嘲笑有機農業，但現在看來，它似乎會成爲德國的標準農業。」克林姆說：「所以也許四十年後，大家也會把莫札特演奏得慢一點。」

當 Tempo Giusto 運動試圖改寫古典音樂歷史之際，還有一群人正利用緩慢的音樂向速度狂熱進行象徵性的挑戰。

能多慢就多慢

倫敦東區泰晤士河畔有一座老舊燈塔，現在正在舉辦一場可能是有史以來最長的音樂會。這個名爲「長奏」（Longplayer）的計畫將持續一千年，音樂是以西藏唱缽演奏的一段二十二分鐘錄音爲主，每兩分鐘便由蘋果電腦 iMac 以不同音高播出六節錄音，整整演奏一千年，音軌也不會重複。費納（Jem Finer）構思「長奏」的目的，是爲了反抗這個爲速度瘋狂的狹隘世界。「由於一切都愈來愈快，注意力集中的時間愈來愈短，我們已經忘了如何放慢腳步。」他對我說：「我希望做一件事來提醒世人，時間是長而緩慢的過程，無法匆匆渡過。」坐在燈塔頂端眺望泰晤士河景，聽著唱缽深沉、默思的鳴聲，幾乎就是一個放慢速度的體驗。「長奏」的聽衆已不僅止於前來倫敦東區朝聖的人。二〇〇〇年期間，另一部 iMac 已經將這些緩和的樂音，傳送到對岸千禧巨蛋的休憩區。荷蘭國家廣播電臺也於二〇〇一年連續播放了四個小時。現在，甚至在網路上也能聽到「長奏」。

另外還有一個馬拉松音樂會，正在德國一座以古老管風琴聞名的小鎭哈伯斯塔（Halberstadt）進行。當地的聖布夏迪教堂（St. Burchardi）是一棟十二世紀的雄偉建築，曾遭拿破崙攻陷，如今正在舉辦一場預計將於二六四〇年結束——倘若贊助不斷的話——的音樂會。會中演奏的是美國前衛作曲家凱奇（John Cage）寫於一九九二年的作品，曲名爲「ASLSP」，亦即 As Slow As Possible（能多慢就多慢），眞是再恰當不過。對於樂曲應該持續多久，專家們始終意見不一。有人覺得二十分鐘就夠了，但走強硬路線的人卻堅持非得要無限長。在諮詢過一群音樂家、作曲家、管風琴演奏家、神學專家與哲學家之後，哈伯斯塔決定將時間設爲六三九年——鎮上著名的 Blockwerk 風琴製造至今恰好正是六三九年。

爲了充分發揮凱奇作品的特色，籌辦者打造了一架將能維持數世紀的管風琴。琴鍵上繫著重錘，因此彈奏者離開後，音符仍可持續許久。ASLSP 演奏會於二〇〇一年九月開始後，停頓十七個月，這段期間唯一能聽到的是風箱鼓風的聲音。二〇〇三年二月，由一名演奏者彈下前三個音，這些音便於教堂內不斷迴響至二〇〇四年夏天，直到彈出接下來的兩個音爲止。

一場音樂會如此之慢，開場當晚出席的人誰也無法活著聽到最後一個音，這樣的觀念顯然觸動了人心。每回有演奏者前來彈奏接續的幾個音符時，總會有千百人來到哈伯斯塔觀看。即使在好幾個月的間隔期間，也有大批訪客蜂湧而至，浸潤在教堂內迴響不絕的餘音中。

我去參加了二〇〇二年夏天的 ASLSP 音樂會，當時風箱還在鼓風，管風琴也尚未安置。充當我的嚮導的是一名商務律師，也是凱奇計畫的委員之一克萊斯。我們約在聖布夏迪教堂外碰面。庭院另一頭的老舊農舍已經改建成社會住宅與一間小規模家具工廠。教堂附近豎立著一座現代雕刻，由五根肢解的鐵柱組成。「這代表破碎的時間。」克萊斯邊說邊從口袋掏出一串鑰匙。

我們通過一扇厚重的木門走進教堂，裡面空蕩蕩的，沒有座位、沒有祭壇、沒有聖像——只有碎石地板和木樑縱橫交錯的挑高天花板。空氣很涼，還有舊磚瓦的氣味。鴿子在頭頂上的窗臺邊拍著翅膀。安置在一個大橡木包箱裡的風箱，有如一具迷你發電機蹲踞在其中一個袖廊裡，在微暗的光線下噗噗地響著，聲音很柔和甚至幾近悅耳，就好像蒸氣火車頭走完漫長的旅程後即將進站。

克萊斯說「能多慢就多慢」的六三九年演奏，等於是挑戰現代世界這個焦躁匆忙的文化。當我們離開教堂，留下管風琴繼續爲巨大的肺部充氣時，他說：「這也許是一場緩慢革命的開端。」

10　慢世代：養育從容的下一代

最有效的教育就是讓孩子在美麗的事物當中玩耍。

——柏拉圖

哈利．路易斯（Harry Lewis）是哈佛大學部某學院的院長。二〇〇一年初，他去參加一場座談會，與會學生可以自由吐露對於長春藤盟校教職員的不滿。有一位大學生引起一陣不小的騷動。他想要雙主修生物學與英語，並且將所有課程縮擠在三年——而不是正常的四年——內完成。令他火冒三丈的是選課輔導老師竟然不能，又或是不願意，設法爲他排出適當的課程表。當路易斯聽著這名學生抱怨時間被耽誤，腦海裡忽然有個念頭閃過。

「我記得我當時心想：『不會吧，你眞是需要幫助，但不是你想要的那種幫助。』」

院長說：「你需要花點時間想想什麼才是真正重要的事，而不是想方設法要把課程表塞得滿滿的。」

少做多得

座談會過後，路易斯開始省思，二十一世紀的學生怎會變成匆促之徒。接著他很快便挺身而出，譴責沉重的課表與學位捷徑班對學生的折磨。二〇〇一年夏季，院長寫了一封公開信給哈佛的每一位新鮮人，熱誠地懇請他們以新的方式展開校園以及往後的生活。信中提到的觀念可說是緩慢哲學中心思想的精髓。現在每年的哈佛新鮮人都會收到這封信，標題是：「放慢你的腳步」。

在七頁的文章中，路易斯主張要少做一點才能從大學生活——與人生——當中獲得更多。他敦促學生在急著拿學位之前要先三思。他說，要精通一門學問需要時間，並指出頂尖的醫學院、法學院與商學院的招生標準，都漸漸傾向於更豐富的經歷，而不只是「簡短而密集的大學教育」。路易斯並警告學生不要從事太多課外活動。他質疑道，如果你的哈佛生涯到最後只是過度工作，只是努力地想趕上課程進度，那麼打長曲棍球、擔任辯論主席、籌辦會議、演出戲劇與擔任校刊編輯又有什麼意義？倒不如少做一點事，讓自己多一點時間可供利用。

至於學業方面，路易斯也同樣傾向於「少做多得」的方式。他說，要好好地休息放鬆，而且一定要學習無爲的藝術。「空下來的時間不是有待塡滿的空白，」院長寫道：「而是爲了讓你能有創意地重新安排心裡的其他東西，就像4×4移動式拼圖也要有那個空格，其他十五個方格才能移動。」換句話說，什麼都不做，放慢下來，是好的思考中很重要的一部分。

〈放慢你的腳步〉並不是給怠惰者或重生的披頭族的許可證。路易斯工作的認眞與學術地位的崇高，儼然有哈佛下一任接班人之姿。他只是想強調偶爾選擇性地放慢腳步能讓學生生活與工作得更好。「我建議你們考慮放慢腳步，減少有計畫的活動，並非有意阻撓你們獲得高成就，或是追求完美卓越的表現。」他最後寫道：「但倘若給自己一些休閒時間、一些娛樂、一些獨處的時間，你們將更能夠保留足夠的精力，達到某個領域的一流地位。」

他的誠摯呼籲來得並不算太早。在我們這個渦輪帶動的世界，匆促的病毒已經從成人傳染給年輕一代。今時今日，各年齡層的孩子都成長得更快速。六歲兒童利用手機安排社交生活，青少年在臥室裡開展事業。開始擔心身材、性關係、消費名牌與事業的年齡，愈來愈小。加上愈來愈多女孩早在十三歲以前便進入青春期，童年似乎逐漸縮短了。現代的年輕人確實比我這一代人年輕時更忙碌、行程更緊湊、更匆促。最近，我認識的一位老師去拜訪班上一個孩子的家長。她覺得小男孩在學校的時間太長，參加的課外活動也太多。她建議，讓他喘口氣吧。不料父親勃然大怒，劈頭便說：「他得跟我一樣，學會一天工作十小時。」那孩子才四歲。

過度親職

一九八九年，美國心理學家艾肯（David Elkind）出了一本書，名爲《蕭瑟的童顏：揠苗助長的危機》（*The Hurried Child: Growing Up Too Fast Too Soon*）。書名很明白，艾肯對於急著將孩子推入成人世界的潮流提出警告。多少人留意到了呢？顯然少之又少。十年後的小孩，普遍又更匆忙了。

孩子並非天生沉迷於速度與產能——這是我們造成的結果。單親家庭給孩子更多壓力，要他們負起大人的責任；廣告商鼓勵他們提早成為消費者；學校教育他們要規律地生活、要善用時間；家長也將他們的課外時間排得滿滿的，加強了學校教導的觀念。這一切給予孩子的訊息是少做就不會多得，愈快絕對愈好。像我兒子最早學會的一句話就是：「快點！」

競爭的壓力促使家長們逼著孩子長大。我們都希望下一代能成功，而在繁忙的世界裡，這就表示要將他們置於快車道上，無論是在學校、運動、藝術或音樂方面。現在光是並駕齊驅已經不夠，我們的小寶貝還得在每一項都贏過其他小孩才行。

擔心自己的孩子落於人後並不是現代才有的現象。早在十八世紀，約翰生便警告家長不要猶豫：「當你還在考慮兒子該先看哪一本書時，另一個孩子已經兩本都看完了。」然而，在全年無休的全球經濟中，領先的壓力更是沉重許多，因而造成家長無法自制地想栽培完美的兒女，也就是專家所謂的「過度親職」(hyper-Parenting)現象。為了讓孩子贏在起跑點，期望殷切的父母親會在懷胎時聽莫札特的音樂，孩子還不到六個月大就教他們手語，過完第一個生日，就開始用韋氏幼兒識字卡教導字彙。如今，電腦營和勵志性研討會也開始招收年僅四歲的幼兒。高爾夫球課程從兩歲開始。眼看其他人的孩子全都快速前進，加入競賽的壓力自然更大。前幾天我無意間看到一則BBC兒童外語課程的廣告，一開始就大喊：「三歲說法語！七歲說西班牙語！立刻行動，以免太遲！」我第一個反應就想衝去打電話報名，而第二個反應則是爲自己沒有在第一時間行動而感到內疚。

考試地獄

在此競爭激烈的社會，學校便有如戰場，唯一重要的就是名列前矛。這種情形尤以東亞最爲明顯，當地的教育體系建立於「考試地獄」之上，爲了不落人後，各地數百萬學童每天晚上和每個週末都要到補習班報到。每星期讀書八十小時也是稀鬆平常。

爲了讓學生衝高國際測驗成績，英語世界的學校更是熱中於效法東亞模式。過去二十年間，各國政府採行了「強化」政策，也就是以更多作業、更多考試與嚴謹的課程安排添加更多壓力。這種苦刑通常在上小學之前便已開始。我兒子在倫敦的托兒所裡，才三歲就得學習如何握筆寫字，但並不是很成功。家教的風氣也開始在西方盛行，學生的年紀愈來愈輕。美國的家長希望爭取到好的幼稚園，還將四歲的孩子送去練習面談技巧。

倫敦的家庭教師甚至收取三歲的學生。

但強化政策並不僅限於學校教育。課餘時間，許多孩童要趕著參加一個又一個課外活動，根本沒有時間放鬆、玩耍或任由想像力馳騁。沒有時間放慢腳步。

過著這種匆忙生活的孩子漸漸開始付出代價。現在年僅五歲的小孩就可能出現壓力所引發的胃腸不適、頭痛、失眠、憂鬱與飲食障礙等症狀。還有許多孩子也和這個全年無休的現代社會裡的每個人一樣，睡眠不足，以致於容易鬧彆扭、神經過敏、缺乏耐性。缺乏睡眠的小孩交友較為不易，而且由於深層睡眠會刺激人體生長激素的分泌，因此他們很可能體重過輕。

至於學習方面，加快速度通常是弊多於利。美國小兒科學會便提出警告，過早專攻某項運動可能有損孩子的身心。教育也一樣。逐漸有愈來愈多證據顯示，孩子以較慢的速度學習成果較好。賓州費城天普大學的兒童心理學教授赫胥—帕賽克（Kathy Hirsh-Pasek），最近針對一百二十名美國學齡前兒童做了測驗。其中有一半兒童所上的托兒所注重的是人際互動與寓教於樂的學習方式，另一半人上的托兒所則是使用專家所謂的「機械扼殺」式教學，督促他們努力用功。赫胥—帕賽克發現孩子處於比較輕鬆而緩慢的環境中，比較不焦慮，學習意願比較強，也更能夠獨立思考。

二〇〇三年，赫胥—帕賽克與人合著了《愛因斯坦不玩識字卡》(*Einstein Never Used Flash Cards: How Our Children REALLY Learn — and Why They Need to Play More and Memorize Less*)。書中的研究調查在在破除了儘早並加速學習能讓孩子更聰明的迷思。「關於扶養與教育孩子，現代人認爲『愈快愈好』，還要『分秒必爭』的觀念其實完全錯誤。」赫胥帕賽克說：「只要看看科學證據就能清楚發現，孩童以比較放鬆、不嚴厲、不匆忙的方式，能學習得更好，人格發展也會更健全。」

在東亞，懲罰式教學曾讓當地學校成爲全世界羨慕的焦點，但結果顯然是失敗的。當地學童的國際測驗成績逐漸不再亮眼，也無法培養出資訊經濟所需的創意技能。東亞學生漸漸開始反抗「讀書讀到垮」的風氣，犯罪與自殺率升高了，而一度被認爲是西方才有的翹課問題也迅速蔓延。在日本每年有十萬名中小學生翹課一個多月，還有許多人根本不願意上學。

但綜觀整個工業社會，對於揠苗助長的反彈聲浪正日益高漲。路易斯那封〈放慢你的腳步〉的公開信，受到了從專欄作家到學生與教職員的大力支持。有孩子就讀哈佛的家長也將信拿給更小的孩子看。「在某些家庭，它簡直就像聖經。」路易斯說。信中許多觀點也慢慢普及到媒體。親子雜誌會定期以專文探討將下一代逼得太緊的害處。每一年也會有心理學家與教育學者推出大量新書，站在科學立場批判「速跑」的教育方式。

將童年還給孩子

不久前《紐約客》雜誌刊登了一篇漫畫，顯示下一代無法擁有真正童年的現象，愈來愈令人憂心。漫畫中，有兩個小學男生頭戴棒球帽，書本夾在腋下，正沿著街道走去。其中一人帶著超乎年紀的厭世神情，低聲對另一人說：「玩具這麼多——課餘的時間這麼少。」

這已不是新鮮事。和大部分的緩慢運動一樣，將童年還給孩子的戰爭早在工業革命期間就開始了。事實上，現代人認爲童年是天眞無邪、充滿想像力的時期的觀念，肇始於十八世紀末橫掃歐洲的浪漫主義運動。在此之前，兒童一直被視爲小大人，能愈早差遣利用愈好。在教育方面，法國哲學家盧梭曾多方抨擊將小孩當成大人來教導的傳統。在他主張以自然方式教育孩童的劃時代巨著《愛彌兒》（*Emile*）一書中，他寫道：「孩童有他們自己觀看、思考與感受的方式，若試圖用我們的方式取代他們的方式，眞是再愚蠢不過。」十九世紀期間，改革家則將目光轉向工廠與礦場，正視這些新工業經濟的動力來源對童工的戕害。一八一九年，柯立芝發明了「白色奴隸」一詞，用來形容在英國棉花工廠做苦工的小孩。到了一八〇〇年代末期，英國開始讓孩童離開工作場所進入教室，還給他們應有的童年。

今天，世界各地的教育專家與家長們又再次採取行動，希望給下一代放慢腳步與享受童年的自由。我爲了尋找受訪人，便在一些親子網站上張貼訊息。幾天內，我的收信匣已經塞滿了來自三大洲的郵件。有些是青少年抱怨生活太匆促。有一個名叫潔西的澳洲女孩形容自己是個「被催逼的青少年」，並說「我根本沒時間做任何事情！」不過大部分郵件都是熱情的家長寫來，提供自己孩子的各種減速方式。

緩慢教育

我們就先從教室開始吧，在這裡，緩慢學習方式的壓力正不斷升高。二〇〇二年末，丹佛科羅拉多大學教育系的榮譽教授霍特（Maurice Holt）發表一篇聲明，呼籲全世界發起「緩慢教育」運動。他也和其他人一樣，靈感來自於慢食運動。霍特認爲，以最快速度將資訊塞給孩子，其營養價值就跟囫圇吞下一個大麥克一樣。最好還是以緩慢的步調學習，花時間深入探索主題，建立聯繫，學習如何思考而不是如何通過考試。如果慢慢地吃能刺激味蕾，那麼慢慢地學就能讓你的心更寬廣、更有活力。

「緩慢學校的概念一出，立刻便擊垮了教育就是塡塞、考試與標準化經驗的觀念。」霍特寫道：「以緩慢的方式品嘗食物能讓人有新發現，能培養鑑賞力。慢食大會推出了新的菜色與新的食材。同樣地，緩慢學校也提供了創新與適應文化變遷的機會，而快速學校卻只能老調重彈。」

霍特與他的支持者並非偏激主義者，他們也不希望孩子學習減少，整天在學校閒晃。在緩慢教室裡，仍有努力用功的餘地，只不過孩子多了一份愛上學習的自由，而不致於沉浸在考試、目標與課程表之中。上歷史課，不再只是聽老師劈哩啪啦說著古巴飛彈危機的日期與事實，同學們也許可以模仿聯合國型態來一場辯論。每一位學生可以從一九六二年的僵局中挑出一個主要國家，研究其立場，然後向其他同學發表看法。孩子們還是很努力，卻少了機械式學習的辛苦。緩慢教育正如同緩慢運動的各個支派，強調的是平衡。

採取較緩慢教育方式的國家已經開始有了斬獲。在芬蘭，兒童的學前教育從六歲開始，七歲正式入學，接下來他們所要面對的高壓考試——從日本到英國的學生都深受其害——也較少。結果呢？在經濟合作暨發展組織針對教育成績與讀寫能力所做的、頗具公信力的世界排名中，芬蘭始終名列前矛。各個工業國家也紛紛派出代表，前來學習「芬蘭模式」。

在其他地方，希望孩子在緩慢環境中學習的家長，開始轉向私人單位。兩次大戰之間，德國的史戴納（Rudolf Steiner）創出一種與加速學習南轅北轍的教育方法。史戴納認為孩子尚未準備好之前，絕不能逼他們學習，他也反對在孩子七歲以前教他們識字。相反地，他認為孩子小時候就應該玩耍、畫畫、說故事、認識大自然。此外，史戴納也避免使用固定的課表，迫使學童任由時鐘擺佈地在學科間跳來跳去，他比較傾向於讓孩子學習單一主題直到可以繼續前進為止。目前，全世界以史戴納理念辦學的學校已經超過八百家，並持續增加中。

多倫多的幼教實驗學校也同樣採取緩慢的方式。該校的兩百名學生年紀從四歲到十二歲不等，老師教他們如何學習、如何了解、如何眞正追求知識，完全沒有主流教育中考試、成績與課表的壓力。但當他們參加標準考試時，成績普遍都很高。有許多人還取得世界各地一流大學的獎學金，霍特的觀點在此得到背書：「緩慢學校最大的諷刺就在於，因爲它提供了學生所需的知性養分……好成績也隨之而來。成功和幸福一樣，都需要曲折的過程。」雖然實驗學校自一九二六年便開辦，如今它的理念卻是空前受歡迎。儘管每年學費高達七千加幣，仍有一千名孩童在候補名單上。

在日本，由於較輕鬆的學習方式需求日增，實驗性學校也不斷興起。例如「蘋果樹」便是東京琦玉縣一群無計可施的家長，於一九八八年創辦的。這所學校的教育哲學和一般日本學校的軍事訓練、高壓競爭與溫室環境，相差十萬八千里。這裡的學生可以自由來去，可以自由選擇他們什麼時候想要學習什麼，而且不用考試。聽起來似乎是無政府狀態的溫床，但事實上這種悠閒的體制效果卻很好。

最近某天下午，二十名六歲到十九歲的學生爬上搖搖晃晃的木階，進入位於二樓的小學校。他們看起來並不特別叛逆——有人染了頭髮，但看不到紋身或臉上穿洞。他們依照日本習俗，將鞋子整齊地擺在門邊，然後才到四散在L型房間裡的矮桌旁跪坐下來用功。偶爾會有學生起身，或是到廚房泡綠茶或是接手機。否則每個人都很認眞地記筆記，或是與老師同學討論想法。

小池裕美是個天眞的十七歲女生，穿戴著牛仔褲和牛仔帽，她晃過來告訴我說，像「蘋果樹」這種學校是天大的恩賜。由於她無法應付國家傳統教育的持續壓力與快速步調，成績始終落後，遊戲時也經常被欺負。當她斷然拒絕上學之後，父母親將她送到「蘋果樹」來，現在她是高中生，需要四年而不是一般的三年才會畢業。「在一般學校，老是被逼著什麼都要快，都要在一定時間完成。」她說：「我比較喜歡在蘋果樹上學，因爲我可以控制自己的課表，照我自己的進度讀書。在這裡，緩慢不是罪惡。」

評論家警告道，緩慢教育只適合學業能力夠強，或是來自十分重視教育的家庭的孩子。這倒也不無道理。但是一般課堂仍可引進緩慢理論的元素，因此有些極端快速的國家已經開始改變教學方式。東亞各國的政府已經著手減輕學子的負擔。日本則採取所謂的「陽光」式教育，也就是在課堂上更自由，有更多創意思考的時間，上課時數也減少了。二〇〇二年，日本政府終於廢止了週六——沒錯，正是週六——的課程，並且開始支持數量愈來愈多、採行緩慢學習方式的私立學校。「蘋果樹」終於在二〇〇一年獲得政府完全認可。

英國的教育體系也開始找尋方法爲過度緊張的學童解壓。二〇〇一年，威爾斯廢除了十一歲學童的標準評鑑測驗。二〇〇三年，蘇格蘭開始研究將正式考試比重降低的方法。英國各個小學將以「讓學習更愉快」爲目標，展開新的計畫。

私校「溫室效應」

此外，家長也開始質疑盛行於多數英國私立學校的溫室教育。有些人試著遊說校長，讓學生少一點功課，多一點從事美術、音樂或單純思考的緩慢時間。也有人乾脆讓孩子轉學，轉到教學方式較不快速的學校。

倫敦一位公司經紀人葛里芬正是這麼做。他原本也和許多事業有成的家長一樣，希望給兒子最好的教育。他們甚至全家搬到倫敦南區，住家距離某間一流私立小學僅數步之遙。但不久，兒子詹姆斯——一個具有藝術天份又愛作夢的小孩——卻開始頻頻出錯。他雖然擅長畫畫與手工藝，但課業的腳步——長時間的上課、回家後的作業、考試——卻讓他追得很辛苦。該校的學生家長多半都覺得很難讓小孩乖乖做完堆積如山的功課，可是葛里芬家的仗打來尤其吃力。詹姆斯開始有恐慌發作的現象，當父母親把他送到學校，他就哭。經過兩年的痛苦生活，加上看心理醫師的龐大費用，葛里芬夫妻終於決定另尋學校。所有的私校都拒收，有一位女校長甚至暗示說詹姆斯可能腦部受損。最後還是家庭醫生想出了解決的辦法。「詹姆斯沒有問題。」她說：「他只是需要放鬆一下。送他到公立學校。」

在英國的公立學校沒有溫室教育。因此二〇〇二年九月，葛里芬夫妻便讓詹姆斯就讀倫敦南區一所公立小學，不少希望孩子出人頭地的中產家庭都會把孩子送到這裡來。這所學校使詹姆斯復原了。儘管偶爾還會做做白日夢，他卻也發現了學習的樂趣，在班上的排名中等。現在他會期待上學，會做功課——大約一星期一個小時——不吵不鬧。他還參加每週一次的陶藝課。總之，他很快樂，並重拾了信心。「我好像重新找回了兒子。」葛里芬說。對私立學校的溫室文化失望之餘，葛里芬夫妻計畫讓小兒子羅伯和哥哥上同一所學校。「他的個性和詹姆斯不同，我相信他能應付私校的步調，但又何必呢？」葛里芬說：「何必把孩子逼到筋疲力竭？」

就算孩子能夠適應，其他家長還是漸漸地讓子女脫離私立學校，以便有更多空間伸展他們的創意觸角。山姆四歲時通過了倫敦一家頂尖私立學校的入學考試，他的母親喬伊既高興又自豪。但儘管山姆的功課還不錯，喬伊卻覺得學校逼得太緊，尤其對美術的不重視更叫她失望。學生們只有每週五下午一個小時美術課——還得老師願意上。喬伊認為山姆失去了大好機會。「他的腦子裡裝滿了知識與學習，為了保持功課領先，他承受太大的壓力，根本沒有機會運用想像力。」母親說：「這絕不是我希望孩子們得到的——我希望他們能多方面健全發展、對一切感興趣而且想像力豐富。」

後來經濟狀況變了，家裡無法負擔昂貴的學費，喬伊頓時有了改變的藉口。二〇〇二學年度中，她將山姆轉到一間熱門的公立學校，不但步調較緩和，也很注重透過藝術探索世界，令她十分滿意。現在的山姆變得比較快樂，比較有活力。他培養出對自然的濃厚興趣，尤其是蛇和印度豹。喬伊也覺得他的創作力更強了。前幾天他忽然問道，如果我們能建造一座巨大的梯子通往太空，會怎麼樣？「以前山姆絕不會問這種問題。」母親說：「現在他說起話來更有想像力了。」

話說回來，抵制溫室教育趨勢卻可能令人焦躁不安。同意讓孩子放慢腳步的父母，一律無法擺脫可能耽誤孩子前程的疑慮。但即使如此，仍有愈來愈多人做了大膽嘗試。

「當你身邊那麼多人都在做溫室教育，有時候你難免會懷疑自己是否做錯了。」喬伊說：「最後，你只能照著直覺走。」

在家教育

還有其他家長發現直覺告訴他們，根本不要讓孩子上學。在家教育的風氣在美國的帶領下，慢慢興起。各地都沒有清楚的數據，但根據全國在家教育研究協會估計，目前全美有超過一百萬名年輕學子在家接受教育。其他的估計包括加拿大十萬人，英國九萬人，澳洲三萬人，紐西蘭八千人。

家長之所以選擇在家教育子女，原因衆多——保護他們不受欺侮，避免毒品與其他違反社會秩序的行爲；依循特殊的宗教或道德傳統養育他們；給予他們更好的教育。但有許多人認爲在家教育可以讓孩子解脫時刻表的虐待，依自己的步調學習與生活，可以讓他們放慢腳步。即使有些在家教育的家長一開始採用嚴格的時間控管，最後通常也會改爲較隨性而無拘束的方式。如果遇到陽光燦爛的一天，可能心血來潮，便一塊到戶外走走或去參觀博物館。前面我們提過，職場上的人若能自己掌控時間，便不會覺得那麼匆忙。教育也是一樣。無論家長或孩子都表示，自訂行程或選擇自己的速度，有助於克制匆忙的衝動。「時間一旦由你自己控制，趕時間的壓力會少得多，你很自然就會慢下來。」溫哥華一名在家教育者說。

倘若全家人都採取較緩慢的生活方式，通常與在家教育有密切關係。許多家長在減少工作時間，增加監督孩子學習的時間之後，發現自己的優先排序變了。「人一旦開始對教育提出疑問，你會發現他們也開始對一切提出疑問——如政治、環境、工作。」英國的在家教育專家梅根（Roland Meighan）說：「就像飛出籠的小鳥回不了頭了。」

落實緩慢哲學的在家教育，並不意味脫節或落後。相反地，在家學習反而效果卓著。學校浪費很多時間，這是衆所週知的：學生要來來去去，叫他們休息就得休息，已經會的教材也得乖乖聽課，費力做一些無關緊要的作業。當你自己在家讀書，可以更有效地運用時間。研究顯示，在家接受教育的小孩比其他接受傳統教育的孩子，學習得更快也更好。大學普遍喜歡這種學生，因爲他們有好奇心、有創意、有想像力，而且能以成熟而積極的態度自修。

有人擔心孩子放棄學校之後，會有人際關係方面的問題，這其實毫無根據。在家教育的家長通常會在當地建立網絡，分享教學經驗，一同進行戶外教學，並安排社交聚會。由於在家學習的孩子能更快上完課，因此有更多休閒時間可以加入俱樂部或運動團隊，與來自一般學校的同儕交友。

二〇〇三年初，十三歲的貝絲開始了在家教育之後，便再也不想回學校去。早先，她曾在居住的惠斯塔布——倫敦東方五十哩處的一個小漁港——附近，上過史戴納學校。早熟又聰明的貝絲，在比較不嚴格的環境裡過得很快活。但後來擴班之後，來了幾個愛搗蛋的學生，讓她怎麼也提不勁來，母親克萊兒於是決定讓她轉學。由於當地的公立小學素質不佳，他們便開始找附近的私立學校。有幾家願意提供獎學金，保證馬上讓她跟上「加速學習」的潮流。克萊兒不願將女兒丟進快車道上，這才決定大膽嘗試在家教育。用心地將貝絲引導上慢車道的同時，也反映出她自身生活的轉變：二〇〇〇年，她辭去了壓力大、工作時間又長的海上保險理賠工作，在家開設了肥皂工廠。

在家教育對貝絲產生莫大助益。她變得比較放鬆而有自信，也享受著按照自己的步調學習的自由。如果禮拜一不想讀地理，她就把課往後延幾天。若是她有興趣的科目，她又會努力地讀個不停。由於課程有彈性，加上她的進度又比在學校時快了一倍，讓她有充分的時間參加課外活動：她交了許多朋友，在一個兒童管絃樂團拉小提琴，每星期上一次美術課，還是社區游泳池的水球隊員當中唯一的女孩。對於身材高大，看起來比實際年齡成熟的貝絲而言，最重要的也許是她從不感到匆忙或有時間壓力。掌控自己的時間使她對時間病有了免疫力。「我那些上學的朋友要不是很匆忙，就是壓力很大或是受夠了，但我從來沒有這些感覺。」她說：「我眞的很喜歡讀書。」

在母親不嚴厲的監督下，貝絲始終遵照國家規定的課程進度，有幾門課甚至已經超前。她最喜歡歷史，將來打算就讀牛津或劍橋大學考古系。不久她就要開始準備所有十六歲英國學生都要參加的GCSE（中等教育普通證書）考試。克萊兒認爲女兒只要一年就能一口氣通過所有考試，而不需要兩年，但她打算讓她慢慢來。「她可以跟著別人沒命地衝，但我覺得沒有必要。」她說：「如果她腳步放慢一點，在功課與遊戲之間保持均衡，她會學到更多。」

每當提到孩子有必要放慢腳步時，遊戲總是最重要的事項之一。許多研究顯示未加規範的遊戲時間有助於培養幼兒的社交與語言技能、創造力以及學習能力。無規範的遊戲與涵蓋勤勉、計畫、安排與目標的「黃金時間」，恰巧相反，指的是在庭院裡挖蟲子，在臥室裡玩玩具，用樂高積木堆城堡，和其他小孩在遊樂場瞎鬧，或只是呆呆望著窗外。也就是用你自己的速度探索世界，探索你對世界的反應。對一個習慣於分秒必爭的大人來說，無規範的遊戲好像在浪費時間。而我們的反射動作就是以具有娛樂性又充實的活動，來填滿這些「空檔」。

職業治療師杜拉貝（Angelika Drabert）經常到慕尼黑的各幼稚園，向家長們解說無規範遊戲的重要性。她教導他們不要讓小孩太匆忙，或是安排太多行程。杜拉貝有一個袋子，裡頭裝滿了許多母親的感謝信。「當你告訴家長不用把一天當中每個時刻都排滿節目或活動以後，大家都可以很輕鬆，這樣很好。」她說：「有時候要給孩子一點緩慢或無聊的生活。」

許多家長不需要治療師便自己下了這樣的結論。在美國有成千上萬的人加入了「家庭第一」之類的團體，目的是宣導抵制行程安排過密的流行風。二〇〇二年，紐澤西州一座擁有兩萬五千名居民的小城里治塢（Ridgewood），開始舉辦一年一度的「就位！準備！放輕鬆！」活動。當地教師都同意在三月特定的某一天，不出任何作業，所有的運動練習、輔導課程和聯誼聚會一概取消。家長也安排早一點下班，可以和孩子一起吃晚餐，度過夜晚時光。如今這已經成爲里治塢的固定活動，有些家庭也開始在其他日子遵行緩慢信條。

應該放慢腳步的提示經常來自於孩子身上。就拿住在倫敦西區的巴恩斯家來說吧。母親妮可拉在市場調查公司兼職，父親亞歷斯在出版公司擔任財務經理。他們行程滿檔，十分忙碌。一直以來，他們八歲的兒子傑克也是一樣，有計畫地踢足球、打板球，上游泳課和網球課，還參加戲劇團。每到週末，一家三口腳步踏遍各美術館與博物館，參加兒童音樂活動，參觀倫敦周圍的自然研究中心。「我們——包括傑克在內——過的好像軍隊生活，每秒鐘都不能浪費。」妮可拉說。

後來，在某個晚春的下午，一切都改變了。傑克想留在家裡，待在房間裡玩，不想去上網球課。他母親堅持要他去。爲了不遲到，他們快速駛過倫敦西區，急轉過每個彎道，搶過每個黃燈，坐在後座的傑克卻突然安靜下來。「我往鏡子裡一看，他睡著了，我這才清醒過來。」妮可拉回憶道：「我忽然想到：『我眞是瘋了——我竟然拖著他去做他不想做的事。我遲早會把自己的孩子累死。』」

當天晚上，巴恩斯一家聚在餐桌旁，一起研究縮減傑克的每日行程。他們決定不再讓他一次參加三個以上的課外活動，於是傑克選擇了足球、游泳和戲劇。他們也同意減少週末外出的行程。結果，現在傑克有更多的時間在花園裡閒晃、找朋友到附近的公園玩，或是在自己房裡玩耍。每到週六，他不再一吃過晚飯就累得倒到床上，而會請朋友到家裡過夜。週日早上，他便和朋友一塊做煎餅和爆米花。速度打低一檔的確需要一點時間適應，對家長更是如此。妮可拉擔心傑克會無聊、浮躁，尤其是週末期間。亞歷斯擔心他會懷念板球和網球。但是傑克在活動減少之後，反而更活躍。他變得比較有精神，比較多話，也不再咬指甲。他的足球教練認爲他傳球進步了。戲劇團長覺得傑克變得更積極。「我想他只是對生活上的一切都更感興趣。」他的母親說：「早知道應該早一點減輕他的負擔。」

現在妮可拉有更多時間陪兒子閒晃，母子關係似乎更加親密，而她自己的生活也似乎放慢了腳步。從前趕場似的參加活動其實壓力很大，也很浪費時間。

目前，巴恩斯家正計畫減少課外活動之母的時間：看電視。先前我曾形容都市有如巨大的粒子加速器，這個比喻用在電視同樣恰如其分，尤其是對兒童來說。電視讓孩子接觸大人的議題，讓他們年紀輕輕便成爲消費者，等於是提早將他們推向成人世界。由於孩子電視看得太兇——在美國，平均每天高達四小時——不得不壓縮行程中的其他所有事情。二〇〇二年，包括美國醫學會與美國小兒科學會等十大公家衛生組織，聯合簽署了一封公開信，警告孩童看太多電視會有暴力傾向。有部分研究顯示，看暴力電視或打暴力電玩的孩子，比較容易躁動不安，無法坐定或專注。

在全球各校園都有愈來愈多孩子被診斷罹患注意力不足過動症，老師們也逐漸將禍首指向電視。小小螢幕上的極端視覺速度，的確會影響孩子的大腦。日本電視臺於一九九七年播放「神奇寶貝」卡通時，大量的閃光致使將近七百名在家收看的兒童癲癇發作。爲了避免官司糾紛，軟體公司現在都會在遊戲上標示健康警語。

正因爲如此，有許多家庭覺得眞的夠了。在世界各地充滿線路的忙碌家庭中，家長們開始限制孩子接近小螢幕——進而發現沒有電視的生活變得比較平靜。爲了親身體驗無電視區域，我安排前去拜訪克拉克家。蘇珊和傑佛瑞這對四十多歲的夫妻住在多倫多，兩個孩子年紀都還小。直到最近之前，電視一直是他們家庭生活的重心。十歲的麥可和八歲的潔西卡常常像中蠱似的，定在電視前面忘了時間，最後才匆匆忙忙地趕時間。兩個孩子吃飯時總是大口囫圇吞，以便趕緊回到電視機前面。

從容的下一代

看到反電視運動的報導之後，克拉克夫妻決定試一試。他們毫不留情地，將二十七吋國際牌電視收進樓梯底下的櫥櫃裡。最初的抗議聲漸漸平息之後，結果卻十分驚人。不到一個星期，孩子們已經在地下室鋪上軟墊，開始翻筋斗、倒立等例行性的體操練習。和其他無電視家庭一樣，克拉克一家人忽然發現手上多出了時間，也使得日常生活不再那麼匆忙。原本看電視的時間現在都用來從事較緩慢的活動——如閱讀、下棋、在後院玩耍、練習樂器或單純聊天。兩個孩子似乎都更健康，學校表現也變好了。潔西卡覺得晚上比較容易入睡，而原本很難集中精神讀書的麥可，現在也會主動看書看不停。

最近的某個星期四晚上，克拉克家呈現一片令人稱羨的祥和氣氛。蘇珊在廚房煮義大利麵，麥可在客廳的沙發上看《哈利波特四：火盃的考驗》，傑佛瑞則在一旁翻閱著《環球郵報》，潔西卡正在給祖母寫信。

其實這家人並不如我們想像那般地墨守成規。如今電視機已經重回客廳，孩子也偶爾可以看個節目。我造訪當天，傑佛瑞一再地說房子通常沒有這麼整齊。不過減少看電視的時間已經將他們家庭生活的基本速度，從狂亂的「最急板」轉變成不疾不徐的「中板」。「的確有一種前所未有的平靜。」蘇珊說：「我們依舊過著積極、有趣的生活，但差別是我們不再老是像無頭蒼蠅一樣亂衝亂撞。」

不過，在一個堅持凡事要更快的世界裡，以緩慢的方式養育小孩，有些人可能會比其他人更容易些。有一些減速形式的代價，並非人人負擔得起。想送孩子到以緩慢方式教學的私立學校，需要錢。在家教育需要時間，父母親至少得有一人減少工作量，這就不是每個家庭都能做到。然而，有許多讓孩子放慢腳步的方法卻是免費的。例如，減少看電視時間或課外活動，便無須花一分錢。

其實，以緩慢方式養育小孩——或甚至做一切事情——的最大障礙並不是金錢，而是現代人的心態。讓孩子加快腳步的衝動依舊根深蒂固。例如有不少日本的家長非但不感激政府減輕校園功課壓力的努力，反而讓孩子在補習班花更多時間。所有工業社會中的家長與政治人物，依舊免不了受考試成績擺佈。

要想將下一代從速度狂熱中拯救出來，就必須學習兩百年前浪漫主義人士的做法，將童年哲學完全推翻之後再重新建立。讓教育多一點自由與隨性，讓學習多一點樂趣，爲無規範的遊戲多騰出一點空間，少一點分秒必爭的執迷不悟，少一點模仿成人習慣的壓力。大人們當然還能藉由克制過度行使親職的衝動，以及在自己生活上樹立緩慢的模範，來盡到份內責任。這些步驟實行起來都不容易，但其結果絕對值得一試。

看到兒子傑克不再匆匆忙忙地企圖塡滿每一刻，妮可拉·巴恩斯十分開心。「不管對孩子或大人來說，這都是重要的一課。」她說：「當你知道如何放慢腳步，人生確實更美好了。」

結論：從快活到慢活

就某個程度而言，整個人生的奮鬥過程就是努力找出每件事該做多慢或多快。

——納爾多尼（Sten Nadolny），《發現緩慢》（*The Discovery of Slowness*，一九九六）作者

一八九八年，羅伯遜（Morgan Robertson）預言似的出版了小說《徒勞無功》（*Futility*），描述不計任何代價要創下橫越大西洋速度紀錄的狂熱。故事一開始，某家公司正在為一艘有史以來最大的郵輪舉行下水儀式，這艘「可謂不沉之船」可以在任何天候下全速行駛於大海中。但就在處女航途中，該船切穿了另一艘船。目擊證人形容這是「為了速度而恣意毀損生命與財產」。小說中的船名叫「Titan」。十四年後，一九一二年，名稱神似的「鐵達尼號」（Titanic）撞上冰山，死亡人數超過一千五百人。

不沉的鐵達尼號沉沒了，這絕對是喚醒這個受制於速度的世界的警訊。許多人希望

這場悲劇能迫使人類停下來喘口氣，仔細而認眞地正視加速的狂熱，並了解到放慢腳步的時機已經成熟。

但卻不然。經過了一個世紀，世人依然拚命求快——而且爲此付出慘痛代價。匆促文化所造成的傷害一再上演，我們正逐步將地球與自己逼向毀滅。我們擁有的時間太少，時間病症狀太嚴重，以致於忽略了朋友、家人與伴侶。我們幾乎已經不知如何享受現在，因爲我們看的永遠是下一刻。我們吃的食物多半乏味又不營養，加上下一代也被困在這匆忙風暴中，未來顯得一片黯淡。

不過還是有希望的。我們還有時間改變方向。雖然速度、忙碌與節省時間的執著依然是現代生活的註冊商標，卻有一股強大的反彈力量正在醞釀著。緩慢運動已經上路。有許多人不再凡事求更快，而是開始減緩速度，並發現緩慢讓他們有更好的生活、工作、思考與玩樂。

但緩慢運動果眞是一個運動嗎？它確實有專家學者要求的所有元素——大衆的共鳴、新式生活的藍圖、一般民衆的實際行動。不錯，緩慢運動並無正式的架構，知名度也還很低。許多民衆放慢腳步——例如減少工作時數，或找時間烹飪等——卻不覺得自己加入了一個全球性的改革運動。不過每一個減速的舉動都是有利的。

說起緩慢運動的精神源頭，義大利應該當之無愧。當地強調歡樂與休閒的地中海傳統生活方式，正是對抗速度的天然良方。慢食、緩慢城市與緩慢性愛，全都起源於義大利。可是緩慢運動的目的，並非將整個地球變成一個地中海渡假村。大多數人都不希望以緩慢崇拜取代速度狂熱。速度可以帶來樂趣、產能與力量，少了它，我們會更貧乏。這個世界需要的以及緩慢運動提供的，其實是一條中庸之道，一個結合「甜蜜生活」與資訊時代的動力的祕方。其祕訣在於平衡：做每件事不求更快，只求速度正確。有時快，有時慢，有時不快不慢。放慢速度的意思是絕不匆忙，絕不只爲了省時而省時，即使情況緊急也要保持鎮定，不慌不忙。培養緩慢內在的方法之一，就是抽空從事對抗加速的活動——如靜坐、編織、園藝、瑜珈、繪畫、閱讀、散步、氣功。

放慢速度並沒有一成不變的公式，正確速度也沒有萬用守則。每個人、每個行爲、每個時刻都有自己的「eigenzeit」。有些人生活的速度可能會讓其他人早赴黃泉，他們卻能樂在其中。每個人都必須有權利選擇自己喜歡的步調。誠如 Tempo Giusto 鋼琴師克林姆所說：「如果騰出空間容納各種不同速度，這個世界會更豐富。」

當然，緩慢運動仍然面臨著一些頑強的阻撓，尤以我們自身的偏見為最。即使我們渴望放慢，也會被貪心、惰性與恐懼等複雜心態逼著跟上腳步。在一個與速度密切相關的世界，烏龜要想說服世人仍須不斷努力。

評論家將緩慢運動斥為一時的熱潮，或是永遠無法成為主流的邊緣哲學，因而不屑一顧。的確，自工業革命以來，減速的呼籲並未阻止世界加速。許多於一九六〇與一九七〇年代放慢速度的人，到了一九八〇與一九九〇年代卻得急起直追。當全球經濟開始再度起飛，或是當另一個 dotcom 熱再次興起，每個人都爭著輕鬆賺錢之際，放慢腳步的言論是否會遭到摒棄？別太篤定了。因為我們比先前的任何一個世代都明白不斷加速的危險與徒勞，也更堅決地要讓速度狂熱降溫。此外人口統計數據也傾向於減速。環顧所有已開發世界，人口正逐漸老化，而大多數人變老之後都有個共通點：腳步放慢了。

緩慢運動有它自己的動力。要向速度說「不」，需要勇氣，倘若知道有其他人和自己看法相同，願意冒同樣風險，自己並不孤單，大家比較可能放手一搏。從事緩慢運動需要人多勢眾，每當慢食組織或時間減速協會之類的團體登高一呼，其他人就會更勇於質疑速度。而且，人們一旦在某個生活層面領略到減速的益處，通常便會推廣到其他層面。

加州柏克萊著名餐廳 Chez Panisse 的老闆華特絲（Alice Waters），是慢食運動的明星。二○○三年，她開始演說宣傳緩慢教育的好處。基層的民衆也開始將各個點連結成線。羅傑金柏發現了譚崔性愛的從容樂趣後，便將工作時數減少。克萊兒放棄了需要十足幹勁的保險公司工作，回到家中製作肥皂，一面教育女兒貝絲。利用氣功在回力球場上放慢速度的商學教授休斯，學會了在諮詢與上課時慢慢來。晚上關掉手機，給了銀行專員韓卡珂動手做飯的靈感。「你一旦開始在工作上挑戰『加油再加油』的心態，便會開始在其他方面挑戰這種心態。」她說：「你就會想再深入一點，而不只是掠過表面。」

正因爲這種「生活上好像少了什麼」的感覺，才會使緩慢的渴望遍及全球。然而，這點「什麼」是否只意味著較高品質的生活，目前還無法下定論。許多人發現放慢速度對心靈有影響，但也有許多人不覺得。緩慢運動的範圍夠寬廣，可以兼容並蓄，不過這兩者間的差異也許沒有表面上那麼大。放慢腳步的最大好處就是重新利用時間與平靜，與人、與文化、與工作、與自然、與我們自己的身心，建立有意義的聯繫。有人說這是過得更好，也有人說這是修心。

緩慢運動的確暗寓著對於驅動全球經濟、毫無節制的物質主義提出質疑，也因此評論家認爲我們承擔不起，認爲放慢腳步始終只會是有錢人的生活調劑。不錯，有些緩慢哲學的呈現方式——如另類療法、步道社區、放養牛肉——並非人人負擔得起，但大部分還是可以的。多與朋友家人相處，不用花錢。走路、做飯、靜坐、做愛、閱讀，或是在餐桌上而不是電視機前吃晚餐，也都不用花錢。只要抗拒匆忙的衝動，這是免費的。

此外，緩慢運動對資本主義其實無害，反而提供了一線生機。目前的全球資本主義迫使我們不計任何代價地，製造得更快、工作得更快、消費得更快、生活得更快。然而緩慢形式的資本主義將人與環境視爲可貴的資產，而不是拋棄式的投資，因此能夠讓經濟爲我們賣命，而不是我們爲經濟賣命。緩慢資本主義可能會導致低成長，在執迷於道瓊指數的世界裡推銷不易，但生活不只是追求最高國內生產毛額或在激烈競爭中拔得頭籌，這種觀念已經逐漸流傳開來，尤其是在較富裕的國家，因爲有愈來愈多人考慮到匆促生活代價太高。

在我們這個享樂年代，緩慢運動自有其市場王牌：散佈喜樂。緩慢哲學的中心教義就是慢慢地把事情做好，並藉此享受更多樂趣。無論對經濟上的資產負債表有何影響，緩慢哲學總會帶來令我們快樂的事：健康的身體、充滿活力的環境、團結的社區與緊密的關係、不再隨時慌張匆忙。

無論如何，說服衆人關於緩慢的好處，現在只是剛起步。直到規範我們絕大部分生活面──經濟、工作、都市規劃、教育、醫藥──的法令改寫之前，減速運動仍將是場苦戰。而法令要改寫，卻需要柔性勸導、高瞻遠矚的領導、強硬立法與國際共識等等的巧妙結合。這是一大挑戰，但也非常重要。目前已經有一些樂觀的跡象。就群體而言，我們都知道自己的生活太忙太亂，我們都想慢下來。就個人而言，有愈來愈多人踩了煞車之後，發現生活品質提升了。現在最大的問題就是：個人何時能擴大爲群體？這許多個人的減速行爲何時才能在全世界產生群聚效應？緩慢運動何時才能轉變爲緩慢革命？

爲了幫助世界早日達到這個引爆點，我們每個人都應該努力爲緩慢創造空間。第一步最好能從重新評估與時間的關係做起。發明了「時間病」一詞的美國醫師勞瑞・鐸西在幫助病患控制病情時，教導他們要脫離時間，利用生理回饋、靜坐或禱告來精心策劃「時間出口」。當他們勇敢去面對「時間操控生活」的事實後，便能放慢腳步。我們也都能藉此學習。盡量不要把時間想成不斷流失的無限資源，或是令人恐懼或必須征服的惡霸，而是我們所居住的有益領域。不要再分分秒秒提心吊膽，彷彿泰勒（Frederick Taylor）

就在一旁來來回回地按馬錶、做記錄似的。

只要我們對時間不那麼神經質，就能開始讓二十四小時的社會發揮更大的功用。本書一開始我曾經說過，一個全年無休的世界很容易讓人匆忙。讓我們能在任何時間做任何事，我們就會把自己的行程塞爆。但是二十四小時的社會本質上並不壞。如果我們能以緩慢的心去接近它——少做一點事，少幾分匆忙——它就會提供我們減速所需的彈性。

說到放慢腳步，最好能先從小處著手。從從不開伙到開始煮一餐；和朋友聊聊天，不要衝到購物中心去買一些非必要的東西；看看報紙，不要打開電視；做愛時加點按摩；或者只要在安靜的地方坐上幾分鐘。

如果緩慢的小舉動讓你感到舒服，便可稍微擴大範圍。重新思考你的工作時數，或者宣導打造一個利於步行的社區。當生活改善後，你也會和我一樣問自己這個問題：我為什麼不早一點放慢腳步呢？

我本身的速度癮正一點一滴地消退。時間不再像個嚴厲、不容反抗的主人。工作自由有幫助，靜坐以及將錶留在抽屜也有幫助。我比以前更常做菜、看書、關上手機。對自己的嗜好採取「少做即多得」的態度——小孩長大前不再打網球——減輕了我趕時間的壓力。提醒自己快速不一定是上策，匆促經常是沒有意義甚至可能招致反效果，如此便足以克制加速的衝動。每當我發現自己沒來由地趕時間，便會停下來，做個深呼吸，心想：「沒有必要這麼急。放輕鬆點，慢慢來。」

我週遭的人都察覺了我的改變。我原本最痛恨超市的結帳櫃臺，並視之爲我個人速度與效率革命的一大侮辱。婦人爲了找零錢在錢包裡掏半天，尤其令我難以忍受。現在我卻能輕鬆地、心平氣和地排隊，即使其他隊伍速度似乎較快也無所謂。我不再因爲「浪費」幾秒鐘或幾分鐘而煩躁。最近還有一次，我甚至讓排在後面的人先結帳，因爲他東西比較少。我妻子震驚不已。「你眞的是慢下來了。」她稱許地說。

然而，當我著手寫此書時，檢驗我自身減速成果的標準卻是我能否不再匆忙應付床邊故事。好消息！現在我能夠一連讀完幾本書，也絲毫不會擔心時間或急著跳頁。而且我讀得很慢，仔細品味每個字，並會模擬聲音與臉部表情來加強戲劇或幽默效果。我四歲的兒子深愛極了，於是說故事時間變成心靈交流而不再是言詞交鋒。昔日「我還要聽！」／「不行，已經夠了！」的對峙，已不存在。

前不久某天晚上，發生了一件不可思議的事。我躺到兒子床上爲他讀一則關於巨人的長篇童話。他問題很多，我不時中斷下來一一回答。後來我又讀了一篇更長的故事，是關於一條龍和農夫的兒子。當我闔上最後一頁，才突然發覺雖然不知道自己讀了多久——也許十五分鐘、半小時，也許更長——我卻樂於繼續。讓我一時興起的一分鐘床邊故事，已成久遠的回憶。我問兒子還想不想再聽。他揉揉眼睛，說道：「爸爸，今天晚上已經唸很多了，我眞的想睡覺了。」他親親我的臉頰，便鑽進被窩裡。我將床頭燈調暗之後離開房間，然後帶著微笑，慢慢地走下樓去。

註釋

序文：狂飆的時間病

「時間病」：Larry Dossey, *Space, Time and Medicine* (Boston: Shambhala Publications, 1982).

重視速度的內在心理：二〇〇二年七月，我訪問柯雷克斯頓的內容。

龜井修二：Scott North, "Karoshi and Converging Labor Relations in Japan and America," *Labor Center Reporter* 302.

美國職場上的安非他命：根據臨床實驗測試公司 Quest Diagnostics 於二〇〇二年所做的職場測試結果。

七％的西班牙人有午睡習慣：*Official Journal of the American Academy of Neurology* (June 2002).

疲勞與災難：Leon Kreitzman, *The 24-Hour Society* (London: Profile Books, 1999), p. 109.

超過四萬人死亡：歐盟執委會提供的數據。

音樂家所謂的「TEMPO GIUSTO」：Percy A. Scholes, *Oxford Companion to Music* (Oxford: Oxford University Press, 1997), p. 1,018.

1 快活：快還要更快？

本篤會修士：Jeremy Rifkin, *Time Wars: The Primary Conflict in Human History* (New York: Touchstone, 1987), p. 95.

UVATIARRU: Jay Griffiths, "Boo to Captain Clock," *New Internationalist* 343, March

2002.

科隆的時鐘・・Gerhard Dorn-Van Rossum, *History of the Hour: Clocks and Modern Temporal Orders* (Chicago: University of Chicago Press, 1996), pp. 234-35.

阿伯提・・Allen C. Bluedorn, *The Human Organization of Time: Temporal Realities and Experience* (Stanford: Stanford University Press, 2002), p. 227.

全球標準時間的創立・・Clark Blaise, *Time Lord: The Remarkable Canadian Who Missed His Train, and Changed the World* (Toronto: Knopf, 2000).

宣導守時為公民的義務・・Robert Levine, *A Geography of Time: The Temporal Adventures of a Social Psychologist* (New York: Basic Books, 1997), pp. 67-70.

泰勒・・Ibid, pp. 71-72.

速度化・・Mark Kingwell, "Fast Forward: Our High-Speed Chase to Nowhere," *Harper's Magazine* (May 1998).

十億分之五億秒・・Tracy Kidder, *The Soul of a New Machine* (Boston: Little, Brown, 1981), p. 137.

2 慢活：緩慢就是美

速度的負面影響：Stephen Kern, *The Culture of Time and Space, 1880-1918* (Cambridge, MA: Harvard University Press, 1983), pp. 125-26.

「自行車臉」：Ibid, p. III.

3 慢食：細嚼慢嚥的飲食風格

麥當勞平均用餐十一分鐘：Nicci Gerrard, "The Politics of Thin," *The Observer*, 5 January 2003.

社交晚餐太慢：Margaret Visser, *The Rituals of Dinner: The Origins, Evolution, Eccentricities, and Meaning of Table Manners* (New York: HarperCollins, 1991), p. 354.

豬隻生長加速：Barbara Adam, *Timescapes of Modernity: The Environment and Invisible Hazards*, Global Environmental Change Series (New York: Routledge, 1998).

鮭魚成長更快：James Meek, "Britain Urged To Ban GM Salmon," *Guardian*, 4 September 2002.

塔德的三十種餐點··Eric Schlosser, *Fast Food Nation: The Dark Side of the All-American Meal* (New York: Penguin, 2001), p. 114.

RÉSTAURATION RAPIDE (速食)··Adam Sage, "*Au Revoir* to the Leisurely Lunch," [London] *Times*, 16 October 2002.

漢堡導致大腸桿菌中毒··Schlosser, *Fast Food Nation*, pp. 196-99.

朝鮮薊種類減少··國際慢食組織負責人 Renato Sardo 提供的數據，Anna Muoio 引述於"We All Go to the Same Place. Let Us Go There Slowly," *Fast Company*, 5 January 2002.

雪蓮薯糖分不爲人體吸收··National Research Council, *Lost Crops of the Incas: Little-Known Plants of the Andes with Promise for Worldwide Cultivation* (Washington, DC: National Academy Press, 1989), p. 115.

商業午餐花三十六分鐘··根據 *Fast Company* 雜誌所做的調查。

瓜瓦奇圖人對速食的看法··Visser, *Rituals of Dinner*, p. 323.

賽洛對慢食的說法··Sage, "*Au Revoir*."

義大利人在手機與飲食上的花費：佩屈尼的訪談內容，*New York Times*, 26 July 2003.

4 慢市：全新的都市生活

每週一千五百人逃離英國城市：鄉村現象研究中心二〇〇四年的報告 *Social and Economic Change and Diversity in Rural England*。

「都市時間政策」：Jean-Yves Boulin and Ulrich Muckenberger, *Times in the City and Quality of Life* (Brussels: European Foundation for the Improvement of Living and Working Conditions, 1999).

歐洲的噪音大作戰：Emma Daly, "Trying to Quiet Another City That Barely Sleeps," *New York Times*, 7 October 2002.

交通影響社區風氣：加州柏克萊大學都市設計學教授 Donald Appleyard 於一九七〇年率先針對此主題進行研究。

流向郊區的人潮減少：Phillip J. Longman, "American Gridlock," *US News and*

World Report, 28 May 2001.

波特蘭是最適合人居的城市：Charles Siegel, *Slow Is Beautiful: Speed Limits as Political Decisions on Urban Form* (Berkeley: Preservation Institute Policy Study, 1996).

5 慢動：身心合一的緩慢運動

放鬆後會產生緩慢思考：Guy Claxton, *Hare Brain, Tortoise Mind: Why Intelligence Increases When You Think Less* (London: Fourth Estate, 1997), pp. 76-77.

大思想家會進行緩慢思考：Ibid, p. 4.

超覺靜坐降低就醫機率：針對全美兩千人進行五年研究的結果，發表於 *Psychosomatic Medicine* 49 (1987).

「進入狀況」：Robert Levine, *A Geography of Time: The Temporal Adventures of a Social Psychologist* (New York: Basic Books, 1997), pp. 33-34.

一千五百萬名美國人練習瑜珈：根據市場研究公司 Harris Interactive Service Bureau 爲 *Yoga Journals* 二〇〇三所做的調查結果。

「走路……花更多時間」：Edward Abbey, *The Journey Home: Some Words in Defense of the American West* (New York: Dutton, 1977), p. 205.

SUPERSLOW 運動會增加好的膽固醇：德州農工大學醫學院，卡利吉史塔辛醫學中心行政主任 Philip Alexander 醫師登在 Health101.org 網站上的信。

6 慢療：傾聽的醫病關係

「呼叫器醫學」：James Gleick, *Faster: The Acceleration of Everything* (New York: Random House, 1999), p. 85.

二〇〇二年受孕的研究：北卡羅萊納州全國環境健康科學協會成員 David Dunson 進行的研究，歐洲七個城市的綜合資料。

另類療法師人數超過一般家庭醫師：一九九八年英國醫藥協會公佈的數據。

7 慢性：高潮迭起的情愛

每星期做愛半小時：一九九四年芝加哥大學所做的研究結果。摘自 James Gleick,

Faster: The Acceleration of Everything (New York: Random House, 1999), p. 127.

WHAM-BAM-THANK-YOU-MA'AM（敷衍了事、意思意思）：見 Judith Mackay, *The Penguin Atlas of Human Sexual Behavior* (New York: Penguin Books, 2000), p. 20.

凱爾夫婦：Val Sampson, *Tantra: The Art of Mind-Blowing Sex* (London: Vermillion, 2002), p. 112.

婚姻問題有礙生育：Melinda Forthofer, Howard Markman, Martha Cox, Scott Stanley and Ronald Kessler, "Associations Between Marital Distress and Work Loss in a National Sample," *Journal of Marriage and the Family* 58 (August 1996), p. 597.

8 慢工：放慢工作速度

富蘭克林對工時縮短的說法：John De Graaf, David Wann and Thomas H. Naylor, *Affluenza: The All-Consuming Epidemic* (San Francisco: Berrett-Koehler, 2001), p. 129.

蕭伯納預言：一九九九年三月十一至十三日，Benjamin Kline Hunnicutt 在馬里蘭州巴爾的摩舉辦的「過勞的因與果」座談會上發表的報告。

尼克森每週工作四小時：Dennis Kaplan and Sharon Chelton, "Is It Time to Dump the Forty-Hour Week?," *Conscious Choice*, September 1996.

美國參議員預測工時將縮短：De Graaf, *Affluenza*, p. 41.

美國人工作量還是一樣多：根據國際勞工組織與經濟合作暨發展組織提出的數據，自一九八〇年至二〇〇〇年，美國人的工作時間增加，後來由於經濟不景氣而略爲減少。

美國人平均工時多出三五〇小時：John De Graaf, Take Back Your Time Day website: www.timeday.org.

美國工時超越日本：根據國際勞工組織公佈的數據。

每五名三十多歲的英國人便有一人：二〇〇二年，英國工商部與 *Management Today* 雜誌針對超時工作的委託調查結果。

瑪克蘿薇茲對工作狂的說法：Matthew Reiss, "American Karoshi," *New Internationalist* 343 (March 2002).

十五%以上的加拿大人曾瀕臨自殺邊緣：根據 Ipsos-Reid 公司於二〇〇二年所做的民調。

比利時、法國與挪威生產力：每小時生產力數據根據國際勞工組織二〇〇三年的統計報告。

七十%的人希望工作與生活更平衡：英國華威大學的 Andrew Oswald 與美國達特茅斯學院的 David Blanchflower 於二〇〇二年發表的調查結果。

FUREETA 世代：Robert Whymant, [London] *Times* magazine, 4 May 2002.

德國人工時減少十五%：根據國際勞工組織公佈的數據。

三十五工時指標性民調：民調分析顧問公司CSA爲 *L'Expansion* 雜誌（September 2003）所做的調查。

日本研究「荷蘭模式」：Asako Murakami, "Work Sharing Solves Netherlands' Woes," *Japan Times*, 18 May 2002.

寧可減少工時不願中樂透：英國工商部與 *Management Today* 雜誌針對超時工作的委託調查結果。

選擇假期的美國人多一倍：Yankelovich Partners 公司進行的調查。

工時減少收入增加的加拿大人：加拿大交通、能源與紙業工會於一九九七至九八年間進行的調查。

萬豪連鎖飯店的實驗性計畫：Bill Munck, "Changing a Culture of Face Time," *Harvard Business Review* (November 2001).

韓斯魯德：Anne Fisher, "Exhausted All the Time? Still Getting Nowhere?" *Fortune*, 18 March 2002.

美國太空總署最近一項研究：Jane E. Brody, "New Respect for the Nap, a Pause That Refreshes," *Science Times*, 4 January 2000.

邱吉爾關於午睡的說法：Walter Graebner, *My Dear Mister Churchill* (London: Michael Joseph, 1965).

9 慢閒：休息的重要性

柏拉圖心目中最高級的休閒娛樂形式：Josef Pieper, *Leisure: The Basis of Culture* (South Bend, IN: St. Augustine's Press, 1998), p. 141.

「……忘我地拜倒……」：Franz Kafka, translator Malcolm Pasley, *The Collected*

Aphorisms (London: Syrens, Penguin, 1994), P. 27.

超過四百萬美國人：編織人數的數據來自美國紗線工藝委員會。

精神層面的 SUPERSLOW 運動：Cecilia Howard's Cloudwatcher's Journal at www.morelife.org/cloudwatcher/cloudwatch_112001.html.

李斯特花了「將近1個小時」：Grete Wehmeyer, *Prestississimo: The Rediscovery of Slowness in Music* (Hamburg: Rowolth, 1993). (In German.)

莫札特為了節拍發怒：Uwe Kliemt, "On Reasonable Tempi,"發表於 Tempo Giusto 網站 www.tempogiusto.de 的文章。

貝多芬對大師們的看法：Ibid.

艾倫：他在 www.audiorevolution.com 上的訪談內容。

管絃樂團聲量更大：Norman Lebrecht, "Turn It Down!," *Evening Standard*, 21 August 2002.

10 慢世代：養育從容的下一代

缺乏睡眠的小孩交友不易：Samantha Levine, "Up Too Late," *US News and World Report*, 9 September 2002.

東亞模式失敗："Asian Schools GO Back to the Books," *Time*, 9 April 2002.

芬蘭在世界排名始終名列前矛：John Crace, "Heaven and Helsinki," *Guardian*, 16 September 2003.

結論：從快活到慢活

整個人生奮鬥過程：二〇〇二年我訪問納爾多尼的內容。

《徒勞無功》，預言般的小說：Stephen Kern, *The Culture of Time and Space, 1880-1918* (Cambridge, MA: Harvard University Press, 1983), p.110.

參考資料

爲了研究速度、時間與緩慢，我讀了許多書籍與文章。以下是比較重要的部分。雖然有一些是學術論文，但多半仍以一般讀者爲主要對象。其後還有一些可供參考的網站。這些都不失爲好的起點，讓你能夠探索緩慢的好處，並與放慢腳步的人士取得聯繫。

書籍

Blaise, Clark. *Time Lord: The Remarkable Canadian Who Missed His Train, and Changed the World*. Toronto: Knopf Canada, 2000.

Bluedom, Allen C. *The Human Organization of Time: Temporal Realities and Experience*. Stanford: Stanford Business Books, 2002.

Boorstin, Daniel J. *The Discoverers: A History of Mans Search to Know His Worldand Himself*. New York: Random House, 1983.

Claxton, Guy. *Hare Brain, Tortoise Mind: Why Intelligence Increases When You Think Less*. London: Fourth Estate, 1997.

De Graaf, John, David Wann and Thomas Naylor. *Affluenza: The All-Consuming Epidemic*. San Francisco: Berrett-Koehler, 2001.

Gleick, James. *Faster: The Acceleration of Everything*. New York: Random House, 1999.

Glouberman, Dina. *The Joy of Burnout: How the End of the Road Can Be a New Beginning*. London: Hodder and Stoughton, 2002.

Hirsh-Pasek, Kathy, and Roberta Michnik Golinkoff. *Einstein Never Used Flashcards: How Our Children Learn--and Why They Need to Play More and Memorize Less*. Emmaus, PA: Rodale, 2003.

Hutton, Will. *The World We're In*. London: Little, Brown, 2002.

James, Matt. *The City Gardener*. London: HarperCollins, 2003.

Kern, Stephen. *The Culture of Time and Space, 1880-1918*. Cambridge, MA: Harvard University Press, 1983.

Kerr, Alex. *Dogs and Demons: The Fall of Modern Japan*. New York: Penguin, 2001.

Kreitzman, Leon. *The 24-Hour Society*. London: Profile Books, 1999.

Kummer, Corby. *The Pleasures of Slow Food: Celebrating Authentic Traditions, Flavors, and Recipes*. San Francisco: Chronicle Books, 2002.

Kundera, Milan. *Slowness*. London: Faber and Faber, 1996.

Levine, Robert. *A Geography of Time: The Temporal Misadventures of a Social Scientist*. New York: Basic Books, 1997.

McDonnell, Kathleen. *Honey, We Lost the Kids: Rethinking Childhood in the Multimedia Age*. Toronto: Second Story Press, 2001.

Meiskins, Peter, and Peter Whalley. *Putting Work In Its Place: A Quiet Revolution*. Ithaca:

Cornell University Press, 2002.

Millar, Jeremy, and Michael Schwartz (editors). *Speed: Visions of an Accelerated Age*. London: The Photographers' Gallery, 1998.

Murphy, Bernadette. *Zen and the Art of Knitting: Exploring the Links Between Knitting, Spirituality and Creativity*. Avon: Adams Media Corporation, 2002.

Nadolny, Sten. *The Discovery of Slowness*. Revised edition. Edinburgh: Canongate Books, 2003.

Oiwa, Keibo. *Slow is Beautiful*. Tokyo: Heibon-sha, 2001. (In Japanese only.)

Petrini, Carlo. *Slow Food: Collected Thoughts on Taste, Tradition, and the Honest Pleasures of Food*. White River Jct., VT: Chelsea Green Publishing Co, 2001.

Pieper, Josef. *Leisure: The Basis of Culture*. South Bend, IN: St. Augustine's Press, 1998.

Putnam, Robert D. *Bowling Alone: The Collapse and Revival of American Community*. New York: Simon & Schuster, 2001.

Rifkin, Jeremy. *Time Wars: The Primary Conflict in Human History*. New York: Touchstone, 1987.

Russell, Bertrand. *In Praise of Idleness*. London: Roudedge, 2001.

Sampson, Val. *Tantra: The Art of Mind-Blowing Sex*. London: Vermillion, 2002.

Schlosser, Eric. *Fast Food Nation: The Dark Side of the All-American Meal*. New York: Penguin, 2002.

Visser, Margaret. *The Rituals of Dinner: The Origins, Evolution, Eccentricities, and Meaning of Table Manners*. New York: HarperCollins, 1991.

期刊

Kingwell, Mark. “Fast Forward: Our High-Speed Chase to Nowhere.” *Harper’s Magazine*, May 1998.

網站

總論

www.zeitverein.com (Society for the Deceleration of Time, Austria)

www.slothclub.org/index02.html (Japan)

www.slow-life.net (Japan)

www.longnow.org (US)

www.simpleliving.net (US)

慢食

www.slowfood.com (Italy)

www.farmersmarkets.net (UK)

www.cafecreosote.com/Farmers_Markets/index.php3 (US)

www. marketplace.chef2chef.net/farmer-markets/canada.htm (Canada)

慢市

www.matogmer.no/slow_cities_citta_slow.html/(Slow Cities, Italy)

www.homezones.org (UK)

www.newurbanism.org (North America)

慢動

www.tm.org (Transcendental Meditation, US)

www.webcom.com/~imcuk/ (International Meditation Centres)

www.qi-flow-golf.com (Chi Kung for golfers, UK)

www.superslow.com (Exercise, US)

慢療

www.pitt.edu/~cbw/altm.html (Complementary and Alternative Medicine, US)

www.haleclinic.com (UK)

www.slowhealing.com (UK)

慢性

www.slowsex.it (Italy)

www.tantra.com (US)

www.diamondlighttantra.com (UK)

慢工

www.swt.org (Shorter Work Time Group, US)

www.worktolive.info (US)

www.employersforwork-lifebalance.org.uk (UK)

www.worklessparty.ca (Canada)

www.timeday.org (US)

慢閒

www.tvturnorf.org (US)

www.ausweb.scu.edu.au/awo1/papers/edited/burnett/ (Slow Reading, Canada)

www.tempogiusto.de (Germany)

慢世代

www.pdkintl.org/kappan/ko212hol.htm (Slow Schooling, US)

www.nhen.org (Home Education, US)

www.home-education.org.uk (UK)

www.flora.org/homeschool.ca (Canada)

國家圖書館出版品預行編目資料

慢活／歐諾黑 (Carl Honoré) 著；
顏湘如譯.-- 初版.-- 臺北市：
大塊文化，2005 [民 94]
面：　公分.-- (From ; 29)
譯自：In Praise of Slow
ISBN　986-7291-49-2(平裝)

1. 生活品質　2. 生活指導　3. 時間–管理

542.53　　94012741

LOCUS

LOCUS

LOCUS

LOCUS